MP3 다운로드 방법

컴퓨터에서

- 네이버 블로그 주소란에 **www.lancom.co.kr** 입력 또는
  네이버 블로그 검색창에 **랭컴**을 입력하신 후 다운로드

- **www.webhard.co.kr**에서 직접 다운로드
  아이디　 : **lancombook**
  패스워드 : lancombook

여행자 필수 메모

성 명 Name	
생년월일 Date of Birth	
국 적 Nationality	
호 텔 Hotel	
여권번호 Passport No.	
비자번호 Visa No.	
항공기편명 Flight Name	
항공권번호 Air Ticket No.	
신용카드번호 Credit Card No.	
여행자수표번호 Traveler's Check No.	
출발지 Departed from	
목적지 Destination	

포켓북
왕초보 여행 일본어회화

포켓북
왕초보 여행 일본어회화

2019년 01월 05일 초판 01쇄 인쇄
2023년 05월 25일 초판 13쇄 발행

지은이 박해리
발행인 손건
편집기획 김상배, 장수경
마케팅 최관호, 김재용
디자인 이성세
제작 최승용
인쇄 선경프린테크

발행처 _Lancom_ 랭컴
주소 서울시 영등포구 영신로34길 19, 3층
등록번호 제 312-2006-00060호
전화 02) 2636-0895
팩스 02) 2636-0896
이메일 elancom@naver.com

ⓒ 랭컴 2018
ISBN 979-11-89204-29-7 13730

나만 믿고 따라와 ~
만만하게 듣고 당당하게 말한다!

내손에
펼쳐진
포켓북

왕초보
여행
일본어
회화

박해리 지음

LanCom
Language & Communication

단체로 일본여행을 가면 현지 사정에 밝은 가이드가 안내와 통역을 해주기 때문에 말이 통하지 않아 생기는 불편함은 그다지 크지 않을 수 있습니다. 하지만, 일본인을 직접 만나서 대화를 하거나 물건을 구입할 때 등의 경우에서는 회화가 절대적으로 필요하며 여행지에서의 자유로운 의사소통은 여행을 한층 즐겁고 보람차게 해줄 것입니다.

따라서, 이 책은 일본어 때문에 부담스러운 여행이 아니라 즐거운 여행이 되도록 도착 공항에서부터 안전하게 귀국할 때까지 상황에 맞는 유용한 일본어 회화표현만을 엄선하였습니다. 상대방의 이야기를 듣고 천천히 그리고 확실하게 자기가 하고 싶은 말을 할 수 있도록 하였으며, 실제로 일본으로 여행을 떠날 때 이 책 한 권을 주머니에 넣고 출발하면 베스트 가이드가 될 것입니다.
이 책은 다음과 같은 특징으로 꾸며졌습니다.

❉ 휴대가 간편한 여행회화

여행지에서 간편하게 가지고 다니면서 그때그때 필요한 회화표현을 쉽게 찾아서 말할 수 있도록 한 손에 쏙 들어가는 사이즈로 만들었습니다.

❉ 간편하고 유용한 표현만을 엄선

일본어를 잘 하지 못하는 사람들이 일본으로 여행이나 출장 등을 떠날 때 현지에서 유용하게 쓸 수 있도록 여행에서 가장 많

이 쓰이는 간편한 표현만을 엄선하였으며, 다양한 그림으로 상황을 묘사하였습니다.

✡ 여행 스케줄에 맞춘 순서 배열

일본으로 여행을 떠나기 전에 반드시 익혀두어야 할 기본회화를 시작으로 여행 시 부딪치게 될 출국, 숙박, 외출, 관광, 식사, 방문, 쇼핑, 트러블에 이르는 9개의 주요 장면으로 구성하여 여행의 두려움을 없애도록 하였습니다.

✡ 찾아서 말하기 쉬운 맞쪽 편집

필요한 장면에 부딪치는 상황이 오면 즉석에서 찾아 바로 활용이 가능하도록 우리말을 먼저 두었으며, 보기 쉽도록 맞쪽으로 편집하였습니다.

✡ 왕초보자도 읽을 수 있도록 한글로 발음 표기

이 책은 일본어 회화를 제대로 구사하지 못해도 한글로 읽기 쉽게 일본어 발음을 달아두었기 때문에 또박또박 발음만 잘 한다면 현지인들도 충분히 알아들을 수 있습니다. 또한 무료로 제공하는 MP3 파일에는 일본인의 생생한 목소리가 담겨져 있어 보다 정확한 발음을 익힐 수 있습니다.

차례

Part 1 **기본회화**

01 인사할 때 22
02 근황을 물을 때 24
03 처음 만났을 때 26
04 오랜만에 만났을 때 28
05 헤어질 때 30
06 고마울 때 32
07 미안할 때 34
08 축하할 때 36
09 환영할 때 38
10 사람을 부를 때 40
11 되물을 때 42
12 질문할 때 44
13 부탁할 때 46
14 제안하거나 권유할 때 48
15 허락을 요청할 때 50

Part 2 **출국**

01 기내에서 1 54
02 기내에서 2 56
03 여객선에서 58
04 입국심사 60
05 짐을 찾을 때 62
06 세관을 통과할 때 64
07 공항에서 환전을 할 때 66

08 공항안내소에서 68
09 공항에서 시내로 70
10 귀국 비행기 예약 72
11 탑승 수속 74

Part 3 숙박
01 호텔 예약 78
02 호텔 체크인 80
03 호텔 프런트에서 84
04 룸서비스 86
05 호텔 시설을 이용할 때 88
06 외출할 때 90
07 호텔에서의 트러블 92
08 체크아웃 96

Part 4 외출
01 길을 물을 때 102
02 택시를 탈 때 104
03 버스를 탈 때 106
04 전철·지하철을 탈 때 108
05 열차를 탈 때 110
06 비행기를 탈 때 112
07 렌터카를 이용할 때 114
08 차를 운전할 때 116

Part **5** 관광

01 관광안내소에서 120
02 관광버스 투어를 이용할 때 122
03 관광지에서 124
04 관람할 때 126
05 사진을 찍을 때 128
06 파친코에서 130
07 클럽•바•노래방에서 132
08 스포츠•레저를 즐길 때 134

Part **6** 식사

01 식당을 찾을 때 138
02 식당을 예약할 때 140
03 자리에 앉을 때까지 142
04 주문할 때 144
05 식당에서의 트러블 146
06 식사를 하면서 148
07 음식맛의 표현 150
08 식당에서의 계산 152
09 음료와 술을 마실 때 154
10 패스트푸드점에서 156

Part **7** 방문

01 전화를 걸 때 166
02 전화를 받을 때 168
03 약속할 때 170
04 초대할 때 172
05 초대에 응답할 때 174
06 방문할 때 176

07 방문객을 맞이할 때 178

08 방문객을 대접할 때 180

09 방문을 마칠 때 182

Part **8** 쇼핑

01 쇼핑 안내를 받을 때 186

02 쇼핑몰에서 188

03 물건을 찾을 때 190

04 물건을 고를 때 192

05 물건값을 흥정할 때 194

06 물건값을 계산할 때 196

07 포장이나 배달을 원할 때 198

08 교환이나 환불을 원할 때 200

Part **9** 트러블

01 말이 통하지 않을 때 212

02 난처할 때 214

03 물건을 분실했을 때 216

04 도난 당했을 때 218

05 교통사고가 났을 때 220

06 위급한 상황일 때 222

07 병원에서 1 224

08 병원에서 2 226

09 병원에서 3 228

10 약국에서 230

부록 회화를 위한 기본단어 233

일본어 문자 표기에는 히라가나, 카타카나, 한자, 이 세 가지를 병용해서 사용합니다. 히라가나는 인쇄나 필기 등의 모든 표기에 쓰이는 기본 문자입니다.

あ 아 a	い 이 i	う 우 u	え 에 e	お 오 o
か 카 ka	き 키 ki	く 쿠 ku	け 케 ke	こ 코 ko
さ 사 sa	し 시 si	す 스 su	せ 세 se	そ 소 so
た 타 ta	ち 치 chi	つ 츠 tsu	て 테 te	と 토 to
な 나 na	に 니 ni	ぬ 누 nu	ね 네 ne	の 노 no
は 하 ha	ひ 히 hi	ふ 후 hu	へ 헤 he	ほ 호 ho
ま 마 ma	み 미 mi	む 무 mu	め 메 me	も 모 mo
や 야 ya		ゆ 유 yu		よ 요 yo
ら 라 ra	り 리 ri	る 루 ru	れ 레 re	ろ 로 ro
わ 와 wa		ん 응 n,m,ng		を 오 o

◀)) 카타카나

카타카나는 히라가나와 발음은 동일하지만, 주로 외래어를 표기하거나 의성어, 의태어를 나타낼 때 사용합니다.

ア 아 a	イ 이 i	ウ 우 u	エ 에 e	オ 오 o
カ 카 ka	キ 키 ki	ク 쿠 ku	ケ 케 ke	コ 코 ko
サ 사 sa	シ 시 si	ス 스 su	セ 세 se	ソ 소 so
タ 타 ta	チ 치 chi	ツ 츠 tsu	テ 테 te	ト 토 to
ナ 나 na	ニ 니 ni	ヌ 누 nu	ネ 네 ne	の 노 no
ハ 하 ha	ヒ 히 hi	フ 후 hu	ヘ 헤 he	ホ 호 ho
マ 마 ma	ミ 미 mi	ム 무 mu	メ 메 me	モ 모 mo
ヤ 야 ya		ユ 유 yu		ヨ 요 yo
ラ 라 ra	リ 리 ri	ル 루 ru	レ 레 re	ロ 로 ro
ワ 와 wa		ン 응 n,m,ng		ヲ 오 o

🔊 탁음과 반탁음

か さ た は행의 글자 오른쪽 윗부분에 탁점(゛)을 붙인 음을 탁음이라고 하며, 반탁음은 は행의 오른쪽 윗부분에 반탁점(゜)을 붙인 것을 말합니다.

が ガ 가 ga	ぎ ギ 기 gi	ぐ グ 구 gu	げ ゲ 게 ge	ご ゴ 고 go
ざ ザ 자 za	じ ジ 지 zi	ず ズ 즈 zu	ぜ ゼ 제 ze	ぞ ゾ 조 zo
だ ダ 다 da	ぢ ヂ 지 zi	づ ヅ 즈 zu	で デ 데 de	ど ド 도 do
ば バ 바 ba	び ビ 비 bi	ぶ ブ 부 bu	べ ベ 베 be	ぼ ボ 보 bo
ぱ パ 파 pa	ぴ ピ 피 pi	ぷ プ 푸 pu	ぺ ペ 페 pe	ぽ ポ 포 po

🔊 요음

요음이란 い단 글자 중 자음에 반모음의 작은 글자 ゃゅょ를 붙인 음으로 우리 말의 ㅑ ㅠ ㅛ 같은 역할을 합니다.

きゃ キャ 캬 kya	きゅ キュ 큐 kyu	きょ キョ 쿄 kyo
しゃ シャ 샤 sha(sya)	しゅ シュ 슈 shu(syu)	しょ ショ 쇼 sho(syo)
ちゃ チャ 챠 cha(tya)	ちゅ チュ 츄 chu(tyu)	ちょ チョ 쵸 cho(tyo)
にゃ ニャ 냐 nya	にゅ ニュ 뉴 nyu	にょ ニョ 뇨 nyo
ひゃ ヒャ 햐 hya	ひゅ ヒュ 휴 hyu	ひょ ヒョ 효 hyo
みゃ ミャ 먀 mya	みゅ ミュ 뮤 myu	みょ ミョ 묘 myo
りゃ リャ 랴 rya	りゅ リュ 류 ryu	りょ リョ 료 ryo
ぎゃ ギャ 갸 gya	ぎゅ ギュ 규 gyu	ぎょ ギョ 교 gyo
じゃ ジャ 쟈 zya(ja)	じゅ ジュ 쥬 zyu(ju)	じょ ジョ 죠 zyo(jo)
びゃ ビャ 뱌 bya	びゅ ビュ 뷰 byu	びょ ビョ 뵤 byo
ぴゃ ピャ 퍄 pya	ぴゅ ピュ 퓨 pyu	ぴょ ピョ 표 pyo

🔊 발음

오십음도에서 마지막 글자인 ん은 단어의 첫머리에 올 수 없으며 항상 다른 글자 뒤에 쓰여 우리말의 받침과 같은 구실을 합니다. ん 다음에 오는 글자의 영향에 따라 다음과 같은 소리가 납니다.

ㅇ ん(ン) 다음에 か が행의 글자가 이어지면 'ㅇ'으로 발음한다.

えんき 연기　　　　**ミンク** 밍크
[엥끼]　　　　　　　[밍쿠]

ㄴ ん(ン) 다음에 さ ざ た だ な ら행의 글자가 이어지면 'ㄴ'으로 발음한다.

かんし 감시　　　　**はんたい** 반대
[칸시]　　　　　　　[한따이]

ヒント 힌트　　　　**パンダ** 팬더
[힌토]　　　　　　　[판다]

ㅁ ん(ン) 다음에 ま ば ぱ행의 글자가 이어지면 'ㅁ'으로 발음한다.

あんま 안마　　　　**テンポ** 템포
[암마]　　　　　　　[템포]

ㅇ ん(ン) 다음에 あ は や わ행의 글자가 이어지면 'ㄴ'과 'ㅇ'의 중간음으로 발음한다. 또한 단어 끝에 ん이 와도 마찬가지이다.

れんあい 연애　　　　**にほん** 일본
[렝아이]　　　　　　　[니홍]

◀)) 촉음

촉음은 つ를 작은 글자 っ로 표기하며 뒤에 오는 글자의 영향에 따라 우리말
받침의 ㄱ ㅅ ㄷ ㅂ으로 발음합니다.

ㄱ　촉음인 っ(ッ) 다음에 か き く け こ가 이어지면 'ㄱ'으로 발음한다.

　　けっか 결과　　　　　　**サッカー** 사커, 축구
　　[겍까]　　　　　　　　　　[삭카―]

ㅅ　촉음인 っ(ッ) 다음에 さ し す せ そ가 이어지면 'ㅅ'으로 발음한다.

　　さっそく 속히, 재빨리　　**クッション** 쿠션
　　[삿소꾸]　　　　　　　　　　[쿳숑]

ㅂ　촉음인 っ(ッ) 다음에 ぱ ぴ ぷ ぺ ぽ가 이어지면 'ㅂ'으로 발음한다.

　　いっぱい 가득　　　　　**ヨーロッパ** 유럽
　　[입빠이]　　　　　　　　　　[요―롭파]

ㄷ　촉음인 っ(ッ) 다음에 た ち つ て と가 이어지면 'ㄷ'으로 발음한다.

　　きって 우표　　　　　　**タッチ** 터치
　　[긷떼]　　　　　　　　　　[탇치]

*이 책에서는 ㄷ으로 발음하는 경우는 편의상 ㅅ으로 표기하였습니다.

🔊 장음

장음이란 같은 모음이 중복될 때 앞의 발음을 길게 발음하는 것을 말합니다. 카타카나에서는 장음부호를 ー로 표기합니다.

あ あ단에 모음 あ가 이어질 경우 뒤의 모음인 あ는 장음이 된다.

おかあさん 어머니　　**スカート** 스커트
[오까-상]　　　　　　　[스카-토]

い い단에 모음 い가 이어질 경우 뒤의 모음인 い는 장음이 된다.

おじいさん 할아버지　**タクシー** 택시
[오지-상]　　　　　　　[타쿠시-]

う う단에 모음 う가 이어질 경우 뒤의 모음인 う는 장음이 된다.

くうき 공기　　**スーパー** 슈퍼
[구-끼]　　　　　[스-파-]

え え단에 모음 え나 い가 이어질 경우 뒤의 모음인 え い는 장음이 된다.

おねえさん 누님, 누나　**えいが** 영화
[오네-상]　　　　　　　[에-가]

お お단에 모음 お나 う가 이어질 경우 뒤의 모음인 お う는 장음이 된다.

こおり 얼음　　**とうふ** 두부
[코-리]　　　　　[토-후]

Part 1

기본회화

오늘은 날씨가 좋군요.
今日はいい天気ですね。
쿄-와 이- 텡끼데스네

정말 그렇군요.
ほんとうにそうですね。
혼또-니 소-데스네

우리는 일상적으로 만났을 때 '안녕하세요'라고 하지만, 일본에서는 아침에 일어나서 점심때까지는 おはようございます라고 하며, 친근한 사이에서는 줄여서 おはよう만으로 인사를 합니다. 낮부터 저녁때까지는 こんにちは라고 하며, 해가 지고 어두워지면 こんばんは로 인사를 나눕니다. 그리고 밤에 헤어질 때는 おやすみなさい(안녕히 주무세요)라고 합니다.

모르면 대략난감 **Best Expressions**

안녕하세요. (아침)

おはようございます。
오하요- 고자이마스

안녕. (아침)

おはよう。
오하요-

안녕하세요. (낮)

こんにちは。
곤니찌와

안녕하세요. (저녁)

こんばんは。
곰방와

날씨가 좋네요.

いい天気ですね。
이- 텡끼데스네

안녕히 주무세요.

おやすみなさい。
오야스미나사이

잘 지내십니까?
お元気ですか。
오겡끼데스까

네, 덕분에 잘 지냅니다.
はい、おかげさまで元気です。
하이, 오까게사마데 겡끼데스

お元気ですか는 영화를 통해 우리에게 잘 알려진 인사말로 상대의 안녕을 묻는 표현입니다. 대답할 때는 はい、元気です라고 하면 됩니다. 또한, 근황에 대해 물을 때는 건강뿐만 아니라 사업, 가족, 하는 일 등 다양하게 물어볼 수 있습니다. 그저 아주 잘 지내는 정도는 아니지만 그럭저럭 잘 지내고 있다고 대답할 때는 まあまあです라고 합니다.

모르면 대략난감 **Best Expressions**

잘 지내시죠?

お元気ですか。

오겡끼데스까

별일 없으세요?

おかわりありませんか。

오까와리 아리마셍까

요즘 어떠신가요?

このごろはいかがですか。

고노고로와 이까가데스까

일은 어떠세요?

仕事はどうですか。

시고또와 도-데스까

그저 그래요.

まあまあです。

마-마-데스

좋아 보이네요.

お元気そうですね。

오겡끼 소-데스네

---

03 처음 만났을 때

처음 뵙겠습니다.
はじめまして。
하지메마시떼

잘 부탁드립니다.
どうぞよろしく。
도-조 요로시꾸

처음 뵙겠습니다.
はじめまして。
하지메마시떼

만나서 반갑습니다.
お会いできてうれしいです。
오아이데키떼 우레시-데스

はじめまして는 처음 사람을 만났을 때 하는 관용적인 인사표현으로 뒤에
どうぞよろしく를 덧붙여 말하는 것이 정형화되어 있습니다. どうぞよろ
しく는 뒤에 お願いします(부탁드립니다)를 줄여서 표현한 것으로 상대에게
뭔가를 부탁을 할 때도 쓰이지만, 단순히 습관적인 인사치레의 말로 쓰이는 경
우가 많습니다.

처음 뵙겠습니다.

はじめまして。
하지메마시떼

잘 부탁합니다.

どうぞよろしく。
도-조 요로시꾸

저야말로 잘 부탁합니다.

こちらこそどうぞよろしく。
고찌라꼬소 도-조 요로시꾸

잘 부탁드립니다.

どうぞよろしくお願いします。
도-조 요로시꾸 오네가이시마스

뵙게 되어 기쁩니다.

おめにかかれてうれしいです。
오메니카까레떼 우레시-데스

뵙게 되어 영광입니다.

おめにかかれて光栄です。
오메니카까레떼 코-에-데스

오랜만이군요.
おひさしぶりですね。
오히사시부리데스네

오랜만이군요.
おひさしぶりですね。
오히사시부리데스네

봬고 싶었어요.
お会いしたかったんです。
오아이시타깟딴데스

그동안 어떻게 지냈어요?
その後どうでしたか。
소노고 도-데시다까

아는 일본인을 오랜만에 만났을 때의 인사표현으로 おひさしぶりですね가 있습니다. 이에 대한 인사로 아랫사람이라면 간단히 ひさしぶりだね라고 하면 됩니다. 참고로 잠깐 헤어졌다가 만날 때는 しばらくでした라고 합니다. 그 동안 어떻게 지냈는지 물을 때는 その後どうでしたか라고 하면 되고, 덕분에 잘 지냈다고 할 때는 おかげさまで라고 하면 됩니다.

오랜만이군요.

おひさしぶりですね。

오히사시부리데스네

오래간만입니다.

しばらくでした。

시바라꾸데시다

오랫동안 격조했습니다.

長らくごぶさたしております。

나가라꾸 고부사따시떼 오리마스

뵙고 싶었어요.

お会いしたかったんです。

오아이시타깟딴데스

그동안 어떻게 지냈어요?

その後どうでしたか。

소노고 도-데시다까

별고 없으셨지요?

おかわりありませんでしたか。

오까와리 아리마센데시다까

---

05 헤어질 때

잘 있어.
ごきげんよう。
고끼겡요-

오두에게 안부 전해 줘.
みなさまによろしく。
미나사마니 요로시꾸

다시 만날 때까지 안녕.
さようなら。また会う日まで。
사요-나라. 마따 아우 히마데

일상적으로 만나고 헤어질 때는 じゃ、またあした(그럼, 내일 봐요)라고 인사를 나누며 헤어집니다. 그러나 さようなら는 본래 それでは의 문어체로 현대어는 작별할 때 쓰이는 인사말로 굳어진 형태입니다. 따라서 이것은 매일 만나는 사람과는 쓰지 않으며 오랫동안 헤어질 때 쓰이는 작별인사로 줄여서 さよなら라고도 합니다.

기본회화

안녕히 가세요(계세요).

さようなら。
사요-나라

안녕히 가세요.

ごきげんよう。
고끼겡요-

그럼, 또 내일 봐요.

では、またあした。
데와, 마따 아시따

그럼, 또 봐.

じゃ、またね。
쟈, 마따네

또 만나요.

また会いましょう。
마따 아이마쇼-

모두에게 안부 전해 주세요.

みなさまによろしく。
미나사마니 요로시꾸

정말로 고맙습니다.
ほんとうにありがとうございます。
혼또-니 아리가또- 고자이마스

천만에요.
どういたしまして。
도- 이따시마시떼

일본어로 고마움을 나타낼 때 가장 일반적인 말은 ありがとうございます입니다. 친근한 사이에서는 줄여서 ありがとう만으로도 사용합니다. 또한 상대의 친절한 행위나 말에 대한 고마움을 나타낼 때는 ~にありがとう로 표현하며 이에 대한 응답 표현으로는 どういたしまして(천만에요), こちらこそ(저야말로) 등이 있습니다.

고마워요.

ありがとう。

아리가또-

대단히 고맙습니다.

どうもありがとうございます。

도-모 아리가또- 고자이마스

그동안 감사했습니다.

いま
今までありがとうございました。

이마마데 아리가또- 고자이마시다

여러 가지로 신세가 많았습니다.

いろいろおせわになりました。

이로이로 오세와니 나리마시다

천만에요.

どういたしまして。

도- 이따시마시떼

저야말로.

こちらこそ。

고찌라꼬소

07 미안할 때

늦어서 미안해요.
遅(おく)れてすみません。
오꾸레떼 스미마셍

괜찮아요.
いいんですよ。
이인데스요

일본인은 어렸을 때부터 남에게 폐를 끼치지 말라고 교육을 받은 탓에 상대에게 피해를 준다고 여겨지면 실례나 사죄의 말이 입에서 자동으로 나올 정도입니다. 상대방에게 실수나 잘못을 했을 때는 보통 すみません, ごめんなさい가 가장 일반적이며, 에에 대한 응답 표현으로는 いいですよ, かまいませんよ, 大丈夫(だいじょうぶ)です 등이 있습니다.

기본회화

미안해요.

ごめんなさい。

고멘나사이

죄송합니다.

申^{もう}しわけありません。

모-시와께 아리마셍

늦어서 미안해요.

遅^{おく}れてすみません。

오꾸레떼 스미마셍

기다리게 해서 죄송합니다.

お待^またせしてすみませんでした。

오마따세시떼 스미마센데시다

실례했습니다.

失礼^{しつれい}しました。

시쯔레-시마시다

괜찮아요.

いいんですよ。

이인데스요

35

08 축하할 때

너무 기뻐! 입사시험에 합격했어.
うれしい! 入社試験に合格したよ。
우레시-! 뉴-샤시껜니 고-카꾸시따요

축하해. 다행이야.
おめでとう。よかったね。
오메데또-. 요깟따네

おめでとう는 가장 일반적인 축하 표현이지만 좋은 결과에 대해 칭찬을 할
때도 쓰입니다. 정중하게 말할 때는 おめでとうございます라고 합니다. 본
래 おめでとう는 めでたい(경사스럽다)에 ございます가 접속되었을 때 う
음편을 한 형태입니다. 또한 축하에 대한 응답으로는 ありがとう나 おかげ
さまで(덕분에) 등이 있습니다.

모르면 대략난감 **Best Expressions**

축하해요.

おめでとう。
오메데또-

축하합니다.

おめでとうございます。
오메데또- 고자이마스

진심으로 축하드립니다.

こころからお祝い申し上げます。
고꼬로까라 오이와이 모-시아게마스

생일 축하해.

お誕生日おめでとう。
오딴죠-비 오메데또-

축하해요. 다행이네요.

おめでとう。よかったですね。
오메데또-. 요깟따데스네

당신 덕분입니다.

あなたのおかげです。
아나따노 오까게데스

---

09 환영할 때

저는 후지와라 에리카입니다. 일본에서 왔습니다.
わたしは藤原エリカです。日本から来ました。
와따시와 후지와라 에리카데스. 니홍까라 기마시다

한국에 잘 오셨습니다.
ようこそ韓国へ。
요-꼬소 캉코꾸에

저는 김진호입니다.
わたしはキムジンホです。
와따시와 김진호데스

누군가를 맞이할 때 가장 많이 쓰는 표현은 いらっしゃいませ!입니다. 언제 어디서나 쓸 수 있는 가장 쉽고 간단하고 무난한 표현입니다. 이보다 격식을 차려 정중하게 말할 때는 ようこそおいでくださいました라고 하며, '한국에 오신 것을 환영해요'라고 말할 때는 ようこそ韓国へ라고 합니다. 그리고 크게 환영할 때는 大歓迎です라고 반갑게 맞이해 보세요.

어서 오세요!

いらっしゃい!

이랏샤이

자 들어오십시오!

どうぞお入りください!

도-조 오하이리 구다사이

대환영입니다.

大歓迎です。

다이캉게-데스

잘 오셨습니다.

ようこそおいでくださいました。

요-꼬소 오이데 구다사이마시다

진심으로 환영합니다.

こころより歓迎いたします。

고꼬로요리 캉게- 이따시마스

꼭 오십시오.

ぜひいらしてください。

제히 이라시떼 구다사이

10 사람을 부를 때

저, 미안합니다.
あの、すみません。
아노, 스미마셍

이거 떨어뜨리신 것 같아요.
これ、落としたようですよ。
고레, 오또시따요-데스요

어머, 너무 고마워요.
あら、どうもありがとう。
아라, 도-모 아리가또-

서로 아는 사이라면 이름이나 직책, 호칭으로 표현하지만, 모르는 사람을 부를 때는 보통 すみません(실례합니다)이라고 합니다. 하지만 상대의 이름만을 부를 때는 무척 친한 사이에만 쓸 수 있으므로 친근한 사이가 아니면 실례가 됩니다. 또한 상대와 대화를 원할 때는 상대의 사정을 살피며 お暇(ひま)です 까(시간 있으세요?)라고 하면 됩니다.

모르면 대략난감 **Best Expressions**

기본회화

저기요.

あのね。

아노네

이봐. 어딜 가는 거야?

おい、どこへ行くんだ。

오이, 도꼬에 이꾼다

저, 미안합니다.

あの、すみません。

아노, 스미마셍

여보세요.

もしもし。

모시모시

잠깐 실례해요.

ちょっとすみません。

촛또 스미마셍

잠깐만요.

ちょっと待って。

촛또 맛떼

입국

숙박

외출

관광

식사

방문

쇼핑

트러블

41

11 되물을 때

뭐라고요?

なんですって?

난데슷떼

그러니까, 말했잖아.

だから、言ったじゃないの。

다까라, 잇따쟈 나이노

일본어를 우리말처럼 알아듣고 이해한다는 것은 결코 쉬운 일이 아닙니다. 어느 정도 일본어 실력을 있더라도 현장에서 부딪치면 상대의 말이 너무 빠르거나 발음이 분명하게 들리지 않을 때, 또는 무슨 말인지 이해하기 힘들 때는 실례가 되지 않는 범위에서 정중하게 다시 한 번 말해달라고 부탁하는 표현도 익혀두면 여행할 때 많은 도움이 됩니다.

네?

はい?
하이

뭐라고요?

なんですって?
난데슷떼

뭐요?

なに?
나니

뭐라고 하셨어요?

なんとおっしゃいましたか。
난또 옷샤이마시다까

무슨 일이에요?

なんでしょうか。
난데쇼-까

저 말이에요?

わたしのことですか。
와따시노 고또데스까

---

12 질문할 때

> 하나 더 질문이 있습니다.
> **もうひとつ、質問があります。**
> 모- 히또쯔, 시쯔몽가 아리마스

> 네, 뭐죠?
> **はい、何ですか。**
> 하이, 난데스까

여행을 할 때도 궁금한 점이 있으면 질문하기 마련입니다. 상황에 따라 적절한 질문의 요령을 익히도록 합시다. 다른 사람의 말을 긍정할 때는 そうです(그렇습니다), 부정할 때는 ちがいます(아닙니다)라고 합니다. 흔히 そうです의 부정형인 そうではありません(그렇지 않습니다)은 구체적으로 지적해서 부정할 때 쓰며, 단순히 사실과 다르다고 할 때는 ちがいます라고 합니다.

모르면 대략난감 **Best Expressions**

하나 더 질문이 있습니다.

もうひとつ、質問があります。

모- 히또쯔, 시쯔몽가 아리마스

그건 무슨 뜻이에요?

それはどういう意味ですか。

소레와 도-유- 이미데스까

네, 그래요.

はい、そうです。

하이, 소-데스

네, 알겠어요.

はい、わかりました。

하이, 와까리마시다

아뇨, 그렇지 않아요.

いいえ、そうじゃありません。

이-에, 소-쟈 아리마셍

아뇨, 달라요.

いいえ、ちがいます。

이-에, 치가이마스

45

13 부탁할 때

부탁드려도 될까요?
お願いしてもいいですか。
오네가이시떼모 이-데스까

예, 그러세요.
ええ、どうぞ。
에-, 도-조

무언가를 부탁할 때 가장 많이 쓰이는 표현으로는 お願いします(부탁합니다)가 있으며, 그밖에 요구 표현인 ~てください(~해 주세요) 등이 있습니다. 하지만 ~てください는 상대에게 직접적으로 행동할 것을 요구하는 것이므로 경우에 따라서는 불쾌감을 줄 수 있으므로 상대의 기분을 거슬리지 않는 ~ていただけませんか 등처럼 완곡한 표현을 쓰는 것이 좋습니다.

부탁드려도 될까요?

お願いしてもいいですか。

오네가이시떼모 이-데스까

부탁이 있는데요.

お願いがあるんですが。

오네가이가 아룬데스가

잠깐 괜찮아요?

ちょっといいですか。

촛또 이-데스까

좀 도와줄래요?

ちょっと手伝ってくれますか。

촛또 데쓰닷떼 구레마스까

예, 그러세요.

ええ、どうぞ。

에-, 도-조

좀 생각해 볼게요.

ちょっと考えておきます。

촛또 강가에떼 오끼마스

기본회화 / 출국 / 숙박 / 외출 / 관광 / 식사 / 방문 / 쇼핑 / 트러블

47

오늘밤 식사는 어떠세요?

こんばん しょくじ
今晩、お食事はいかがですか。

곰방, 오쇼꾸지와 이까가데스까

그거 좋지요.

それはいいですね。

소레와 이-데스네

💬

권유나 제안을 할 때는 どうですか(어떠세요?)와 いかがですか(어떠십니
까?)라고 합니다. 또한 행위에 대한 권유나 제안을 할 때는 ~ましょうか(~할
까요?)나 ~するのはどうですか(~하는 게 어때요?)가 쓰입니다. 권유나 제안
을 받아들일 때는 よろこんで(기꺼이)라고 하며, 거절할 때는 そうできれば
いいんだけど(그렇게 할 수 있었으면 좋겠는데)라고 말합니다.

제안이 하나 있는데요.

ひとつ提案があるんですが。

히토쯔 테-앙가 아룬데스가

좋은 생각이 있는데요.

いい考えがあるんですが。

이- 캉가에가 아룬데스가

이런 식으로 해보면 어떨까요?

こんなふうにしてみたらどうですか。

곤나 후-니 시떼 미따라 도-데스까

이건 어떻습니까?

これはいかがですか。

고레와 이까가데스까

물론이죠.

もちろんです。

모찌론데스

아뇨, 됐어요.

いいえ、けっこうです。

이-에, 겍꼬-데스

15 허락을 요청할 때

예, 그레세요.
ええ、どうぞ。
에-, 도-조

이걸 가져가도 될까요?
これ、持って行ってもいいですか。
고레, 못떼 잇떼모 이-데스까

우리는 누군가에게 뭔가 허락을 요청하기 전에 먼저 상대에게 양해를 얻어 행하게 마련입니다. 대부분 허가나 허락을 구하기 전에는 失礼(しつれい)です가나 すみませんが 등으로 양해의 말을 꺼낸 다음 허락을 요청하는 말을 이어나갑니다. 일본어의 허가나 허락을 구하는 대표적인 표현으로는 ~てもいいですか 또는 ~てもかまいませんか가 있습니다.

모르면 대략난감 **Best Expressions**

안에 들어가도 될까요?

中へ入ってもいいですか。

나까에 하잇떼모 이-데스까

여기서 담배를 피워도 될까요?

ここでたばこを吸ってもいいですか。

고꼬데 다바꼬오 슷떼모 이-데스까

저걸 좀 보여 줄래요?

あれをちょっと見せてもらえますか。

아레오 촛또 미세떼 모라에마스까

미안해요. 잠깐 지나갈게요.

すみません。ちょっと通らせてください。

스미마셍. 촛또 도-라세떼 구다사이

예, 하세요.

ええ、どうぞ。

에-, 도-조

그건 좀 곤란한데요.

それはちょっと困るんですが。

소레와 촛또 고마룬데스가

기본회화

한국

숙박

외출

관광

식사

방문

쇼핑

트러블

51

☞ 여행에 도움이 되는 질문 형식

~는 어느 쪽입니까?	**~はどちらですか。** ~와 도꼬데스까
~은 얼마입니까?	**~はいくらですか。** ~와 이꾸라데스까
~은 누구입니까?	**~はだれですか。** ~와 이꾸라데스까
~은 있습니까?	**~はありますか。** ~와 아리마스까
~은 어디에 있습니까?	**~はどこですか。** ~와 도꼬데스까
~은 어느 것입니까?	**~はどれですか。** ~와 도레데스까
~은 무엇입니까?	**~はなんですか。** ~와 난데스까
~은 어때요?	**~はどうですか。** ~와 도-데스까
~은 어떠십니까?	**~はいかがですか。** ~와 이까가데스까

Part 2

출국

에어컨
エアコン
에아콩

선반
棚
다나

조명
照明
쇼-메-

창문
窓
마도

좌석
座席
자세기

스튜어디스
スチュワーデス
스츄와·데스

구명동의
救命胴衣
큐-메-도-이

통로
通路
쓰-로

▷ 표시

FASTEN SEAT BELT
안전벨트 착용
NO SMOKING 금연
EMERGENCY EXIT 비상구

스튜어디스를 부를 때는
"すみません(스미마셍)"
이라고 합시다.

공항에서 출국심사를 마치고 이제 비행기를 탑승하면 우리나라 영토를 떠나게 되는 셈입니다. 국제선의 기내는 그 항공사가 소속하는 나라의 영토 취급을 하기 때문입니다. 우리나라에서 출발하는 외국 항공회사의 기내에는 대부분 우리나라 승무원이 있어서 말이 통하지 않아 불편한 점은 그다지 많지 않습니다. 물론 우리나라 비행기를 타면 일본어는 더욱 필요 없겠지만...

이건 어디에 두면 될까요?

これはどこに置けばいいですか。

고레와 도꼬니 오께바 이-데스까

이 짐을 부탁할게요.

この荷物をお願いします。

고노 니모쯔오 오네가이시마스

잠깐 지나갈게요.

ちょっと通してください。

촛또 도-시떼 구다사이

면세품을 기내에서 판매하나요?

免税品を機内販売していますか。

멘제-힝오 기나이 함바이시떼 이마스까

입국카드 쓰는 법을 가르쳐 주세요.

入国カードの書き方を教えてください。

뉴-코꾸카-도노 가끼카따오 오시에떼 구다사이

구토가 나는데 물 좀 주세요.

吐き気がするので、水をください。

하키께가 스루노데, 미즈오 구다사이

_____ 을 주세요.

をください。
오 구다사이

콜라
コーラ
코-라

맥주
ビール
비-루

오렌지주스
オレンジジュース
오렌지쥬-스

홍차
紅茶
코-챠

커피
コーヒー
코-히-

신문
新聞
심붕

모포
毛布
모-후

베개
枕
마꾸라

(한국의) 잡지
(韓国語の)雑誌
(캉코꾸고노) 잣시

기내식은 비행기 안에서 승객이나 승무원에게 제공되는 식사, 음료수, 간식 따위를 이르는 말로 機内食(きないしょく)라고 합니다. 일본의 경우는 비행 거리가 짧기 때문에 식사 시간에 맞춰 한 끼 정도의 식사가 제공되며, 음료나 맥주 등이 나오기도 합니다. 간단한 주문 표현을 익혀서 맛있는 기내식을 먹어봅시다. コーヒーをお願いします(커피를 부탁해요)

식사는 언제 나옵니까?

食事はいつ出ますか。

쇼꾸지와 이쯔 데마스까

식사는 필요 없습니다.

食事は要りません。

쇼꾸지와 이리마셍

식사는 다 하셨습니까?

食事はお済ですか。

쇼꾸지와 오스미데스까

잘 먹었습니다.

ごちそうさま。

고찌소-사마

아까 부탁한 물이 아직이네요.

先ほど頼んだ水がまだです。

사끼호도 다논다 미즈가 마다데스

헤드폰 상태가 안 좋네요.

ヘッドホンの調子が悪いです。

헷도혼노 쵸-시가 와루이데스

기본
출국
숙박
외출
관광
식사
방문
쇼핑
트러블

03 여객선에서

매점은 어디에 있나요?

売店はどこにありますか。

바이뗑와 도꼬니 아리마스까

2층 식당 입구에 있습니다.

二階のレストランの入口にあります。

니까이노 레스토란노 이리구찌니 아리마스

일본에 배로 가는 경우에는 비행기에 비해 목적지의 선택의 폭이 좁지만 저렴하게 여행할 수 있고 수속이 간편하다는 점입니다. 일본으로 가는 배편은 쾌속선과 페리가 있습니다. 선내에 반입할 수 있는 수화물은 1인당 3개이며, 총 중량 20kg 이하입니다. 수화물은 2개까지 무료이며 3개부터는 부산에서는 만원, 일본에서는 천엔의 별도 요금이 필요합니다.

제 선실은 어디인가요?

わたしの船室はどこですか。

와따시노 센시쯔와 도꼬데스까

큰방 안은 자유석인가요?

大部屋の中は自由席ですか。

오-베야노 나까와 지유-세끼데스까

제 침구는 어느 것입니까?

わたしの寝具はどれですか。

와따시노 싱구와 도레데스까

바는 어디에 있나요?

バーはどこにありますか。

바-와 도꼬니 아리마스까

뱃멀미를 한 것 같은데요.

船酔いにかかったようです。

후나요이니 가깟따요-데스

지금 갑판에 나가도 되나요?

今デッキへ出てもいいですか。

이마 덱끼에 데떼모 이-데스까

---

04 입국심사

여행 목적은 무엇입니까?
旅行の目的は何ですか。
りょこう もくてき なん
료꼬-노 목떼끼와 난데스까

관광입니다
観光です。
かんこう
강꼬-데스

어디에서 머무를 예정입니까?
どこに泊まる予定ですか。
と よてい
도꼬니 도마루 요떼-데스까

_____ 호텔입니다.
_____ ホテルです。
호테루데스

좋은 여행 되세요.
よいご旅を。
たび
요이 고타비오

감사합니다.
ありがとう。
아리가또-

일본은 90일까지 무비자로 방문이 가능합니다. 미리 기내에서 입국신고서와 세관신고서를 작성해 놓으면 빠르게 입국심사를 받을 수 있으며, 입국신고서에는 체류할 호텔의 주소와 전화번호를 기입해야 합니다. 外国人이라고 표시한 곳에 줄을 서서 여권과 출입국신고서를 제출하면 입국심사에서는 여권과 비자의 유효기간을 검사하고 입국목적, 체재기간 등을 묻습니다.

여권을 보여 주세요.

パスポートを見せてください。

파스포-토오 미세떼 구다사이

입국카드를 보여 주세요.

入国カードを見せてください。

뉴-코꾸카-도오 미세떼 구다사이

무슨 일로 오셨습니까?

どんな用事で来られましたか。

돈나 요-지데 고라레마시다까

어느 정도 머무르실 예정입니까?

どのくらいご滞在の予定ですか。

도노쿠라이 고타이자이노 요떼-데스까

어디에 머무르십니까?

どこにお泊まりですか。

도꼬니 오또마리데스까

숙박처는 아직 정하지 않았습니다.

宿泊地はまだ決めておりません。

슈꾸하꾸찌와 마다 기메떼 오리마셍

05 짐을 찾을 때

짐의 특징을 알려 주세요.

荷物の特徴を教えてください。

니모쯔노 토꾸쬬-오 오시에떼 구다사이

대형 여행가방이고요. 색은 파란색입니다.

大型のスーツケースです。色は青色です。

오-가따노 스-츠케-스데스. 이로와 아오이로데스

입국심사대를 무사히 통과하면 수화물을 찾습니다. ターンテーブル이 있는 곳으로 가면 자신이 타고 온 항공사와 편명이 표시된 턴테이블로 짐이 나오므로 그 주위에서 기다렸다 짐을 찾으면 됩니다. 자신의 짐을 찾으면 곧바로 税関의 표시를 따라 세관으로 가서 여권과 세관신고서를 담당에게 보여 주고 통과를 기다리면 됩니다.

짐은 어디서 찾습니까?
荷物はどこで受け取りますか。
니모쯔와 도꼬데 우케또리마스까

카트는 어디에 있나요?
カートはどこにありますか。
카-토와 도꼬니 아리마스까

내 짐이 안 보이는데요.
わたしの荷物が見つかりません。
와따시노 니모쯔가 미츠까리마셍

여기 화물인환증 있어요.
荷物引換証はこれです。
니모쯔히키까에쇼-와 고레데스

분실한 짐은 몇 개입니까?
紛失した荷物は何個ですか。
훈시쯔시따 니모쯔와 낭꼬데스까

찾는 대로 호텔로 보내 주세요.
見つかり次第ホテルに届けてください。
미쓰까리 시다이 호테루니 도도께떼 구다사이

63

06 세관을 통과할 때

가방을 열어주세요.
かばんを開けてください。
가방오 아케떼 구다사이

이것은 _____ 입니다.(세관원에게)
これは _____ です。
고레와　　　　　　데스

제가 사용할 것
わたしが使うもの
와따시가 쓰까우 모노

친구에게 줄 선물
友人へのおみやげ
유징에노 오미야게

라면
ラーメン
러-멩

김치
キムチ
기무치

턴테이블에서 자신의 수화물을 다 찾은 후에는 세관검사대 앞으로 가서 담당자에게 자신의 짐과 여권을 건네줍니다. 배낭을 든 여행자의 경우에는 대부분 그냥 통과할 수 있으며, 요즘은 짐이 있더라도 세관신고 때 짐을 열어보는 경우는 거의 없습니다. 그러나 과세 대상의 물품을 신고하지 않았다가 적발될 경우에는 압류를 당하거나 무거운 벌금을 물게 되므로 주의합니다.

여권과 신고서를 보여 주세요.

パスポートと申告書を見せてください。

파스포-토또 싱코꾸쇼오 미세떼 구다사이

짐은 이게 다입니까?

お荷物はこれだけですか。

오니모쯔와 고레다께데스까

이 여행용 가방을 열어 주세요.

このスーツケースを開けてください。

고노 스-츠케-스오 아께떼 구다사이

이 내용물은 뭡니까?

この中身は何ですか。

고노 나까미와 난데스까

그건 제 일용품입니다.

それはわたしの身の回り品です。

소레와 와따시노 미노마와리힌데스

이건 과세 대상이 됩니다.

これは課税の対象となります。

고레와 가제-노 다이쇼-또 나리마스

어디서 환전할 수 있나요?
どこで両替できますか。
도꼬데 료-가에 데끼마스까

환전소
両替所
료-가에쇼

両替라고 써 있는 곳으로 가십시오.
両替と書いてあるところに行ってください。
료-가에또 가이떼 아루 도꼬로니 잇떼 구다사이

해외여행을 가면 반드시 해야 하는 것이 바로 환전입니다. 환전은 両替(りょうがえ), 환율은 為替(かわせ)レート라고 합니다. 일본에 가서 환전하는 것보다는 미리 국내 은행이나 출발하기 전에 공항에서 환전하는 것이 이익입니다. 그리고 일본은 우리나라처럼 신용카드로 다 해결되지 않는 곳이 의외로 많습니다. 부피가 좀 많더라도 잔돈으로 바꿔둬야 쓰기 좋습니다.

환전소는 어디에 있나요?

両替所はどこですか。

료-가에쇼와 도꼬데스까

저기요, 돈을 바꾸고 싶은데요.

すみません、お金を換えたいのですが。

스미마셍, 오까네오 가에따이노데스가

일본 엔으로 환전해 주세요.

日本円に両替してください。

니홍 엔니 료-가에시떼 구다사이

한국 원의 환율은 어떻게 됩니까?

韓国ウォンの為替レートはどのくらいですか。

캉코꾸 원노 가와세레-토와 도노 쿠라이데스까

이 여행자수표를 현금으로 바꿔 주세요.

このトラベラーズチェックを現金にしてください。

고노 토라베라-즈첵쿠오 겡낑니 시떼 구다사이

잔돈도 섞어 주세요.

小銭も混ぜてください。

고제니모 마제떼 구다사이

08 공항안내소에서

_____은 어딘가요?
_____はどこですか?
와 도꼬데스까

화장실
トイレ
토이레

안내소
案内所
안나이죠

렌터카
レンタカー
렌타카-

리무진 타는 곳
リムジンバス乗り場
리무진바스 노리바

택시 타는 곳
タクシー乗り場
타쿠시- 노리바

공항 로비의 안내소에는 무료 지도, 관광 가이드나 호텔 가이드 등의 팸플릿이 준비되어 있습니다. 시내의 교통수단이나 호텔이 위치한 장소나 택시 요금 등 필요한 정보도 얻을 수 있습니다. 또한 대형 국제공항에서는 호텔 예약, 렌터카, 여행기간 동안 대중교통을 자유롭게 이용할 수 있는 프리패스 등을 구입할 수 있는 별도의 부스가 설치되어 있기도 합니다.

모르면 대략난감 **Best Expressions**

관광안내소는 어디에 있나요?

観光案内所はどこですか。

강꼬-안나이죠와 도꼬데스까

호텔 목록은 있나요?

ホテルリストはありますか。

호테루 리스토와 아리마스까

시내지도를 얻을 수 있나요?

市内地図をもらえますか。

시나이치즈오 모라에마스까

여기서 호텔을 예약할 수 있나요?

ここでホテルを予約できますか。

고꼬데 호테루오 요야꾸 데끼마스까

그 호텔은 어떻게 가나요?

あのホテルへはどうやって行くのですか。

아노 호테루에와 도-얏떼 이꾸노데스까

시내는 뭘로 가면 가장 빠른가요?

市内へは何で行けばいちばん速いんですか。

시나이에와 나니데 이께바 이찌방 하야인데스까

---

09 공항에서 시내로

荷物をバス乗り場まで運んでください。
짐을 버스정류소까지 옮겨 주세요.
니모쯔오 바스노리바마데 하꼰데 구다사이

_____へ行ってください。
_____로 가 주세요.
에 잇데 구다사이

いくらですか。
얼마입니까?
이꾸라데스까

おつりはいりません。ありがとう。
잔돈은 됐습니다. 고마워요.
오쓰리와 이리마셍. 아리가또-

공항에서 심사를 마치고 나오면 드디어 시내로 들어가게 됩니다. 일본의 국제 공항은 시내와 인접한 곳도 있지만, 나리타공항이나 간사이공항처럼 시내와 많이 떨어져 있는 공항이라면 전철이나 리무진버스 등을 이용하게 됩니다. 물론 숙소가 가까운 곳이라면 택시가 보다 편리하겠죠. 공항에는 대중교통 안내소가 있으므로 그곳에서 친절한 안내를 받으면 됩니다.

모르면 대략난감 **Best Expressions**

카트는 어디에 있나요?

カートはどこにありますか。

카-토와 도꼬니 아리마스까

짐을 트렁크에 넣어 주세요.

荷物をトランクに入れてください。

니모쯔오 토랑쿠니 이레떼 구다사이

이 호텔로 가 주세요.

このホテルへ行ってください。

고노 호테루에 잇떼 구다사이

시내로 가는 버스는 어느 것입니까?

市内へ行くバスはどれですか。

시나이에 이꾸 바스와 도레데스까

버스 표는 어디서 살 수 있죠?

バスの切符はどこで買えますか。

바스노 김뿌와 도꼬데 가에마스까

이 버스는 어디에 섭니까?

このバスはどこに停まりますか。

고노 바스와 도꼬니 도마리마스까

---

10 귀국 비행기 예약

예약을 재확인하고 싶은데요.

リコンファームをしたいのですが。
리콩화-무오 시따이노데스가

5월 14일 234편 인천 행입니다.

5月14日の234便のインチョン行きです。
고가쯔 쥬-욕까노 니상욤빈노 인천유끼데스

두 명입니다.

二人です。
후따리데스

이름은 ＿＿＿＿입니다.

名前は＿＿＿＿です。
나마에와   데스

예약을 확인했습니다.

予約を確認しました。
요야꾸오 카꾸닌시마시다

여행을 할 때 대부분 왕복으로 비행기표를 구입하므로 예약을 확인할 필요가 없지만, 장기간 있을 경우에는 귀국한 날이 정해지면 미리 좌석을 예약해 두어야 합니다. 또 예약을 해 두었을 경우에는 출발 예정 시간의 72시간 이전에 전화로 이름, 연락 전화번호, 편명, 행선지를 말하면 됩니다. 예약 재확인을 안 하면 예약이 취소되는 경우도 있으므로 주의해야 합니다.

예약을 재확인하고 싶은데요.

リコンファームをしたいのですが。

리콩화-무오 시따이노데스가

비행편을 변경할 수 있나요?

便の変更をお願いできますか。

빈노 헹꼬-오 오네가이 데끼마스까

다른 항공사를 봐주세요.

ほかの会社の便を調べてください。

호까노 카이샤노 빙오 시라베떼 구다사이

해약 대기라도 괜찮아요.

キャンセル待ちでもけっこうです。

캰세루마찌데모 겍꼬-데스

빨리 가 주세요. 늦었어요.

急いでください。遅れているんです。

이소이데 구다사이. 오꾸레떼 이룬데스

기사님, 호텔로 돌아가 줄래요?

運転手さん、ホテルへ戻ってくれませんか。

운뗀슈상, 호테루에 모돗떼 구레마셍까

11 탑승 수속

_____는 어디입니까?

_____ はどこですか。
와 도꼬데스까

아시아나항공 카운터
アシアナ航空カウンター
아시아나코-꾸 카운타-

대한항공 카운터
大韓航空カウンター
다이깡코-꾸 카운타-

탑승구
搭乗口
토-죠-구찌

출발탑승구
出発ゲート
슙빠쯔게-토

탑승권을 보여 주십시오.
搭乗券を見せていただけませんか。
토-죠-껭오 미세떼 이따다께마셍까

네, 여기 있습니다.
はい、これです。
하이, 고레데스

귀국 당일은 출발 2시간 전까지 공항에 미리 나가서 체크인을 마쳐야 합니다. 출국절차는 매우 간단합니다. 터미널 항공사 카운터에 가서 여권, 항공권, 출입국카드(입국시 여권에 붙여 놓았던 것)를 제시하면 직원이 출국카드를 떼어 내고 비행기의 탑승권을 줍니다. 동시에 화물편으로 맡길 짐도 체크인하면 화물 인환증을 함께 주므로 잘 보관해야 합니다.

기본
출국
숙박
외출
관광
식사
방문
쇼핑
트러블

탑승수속은 어디서 하나요?
搭乗手続きはどこでするのですか。
토-죠-테쓰즈끼와 도꼬데 스루노데스까

항공 카운터는 어디입니까?
航空カウンターはどこですか。
코-꾸-카운타-와 도꼬데스까

공항세는 있나요?
空港税はありますか。
쿠-꼬-제-와 아리마스까

창쪽으로 주세요.
窓側の席をお願いします。
마도가와노 세끼오 오네가이시마스

이 가방은 기내로 가지고 들어갈 거예요.
このバッグは機内に持ち込みます。
고노 박구와 기나이니 모찌꼬미마스

탑승은 벌써 시작되었습니까?
搭乗はもう始まりましたか。
토-죠-와 모- 하지마리마시다까

☞ 공항에서 볼 수 있는 게시판

出発搭乗口 DEPARTURE GATE	출발입구
到着搭乗口 ARRIVAL GATE	도착입구
搭乗口 BOARDING GATE	탑승입구
搭乗手続中 NOW BOARDING	탑승수속 중
国内線 DOMESTIC	국내선
国際線出発 International Departures	국제선 출발
国際線到着 International Arrivals	국제선 도착
国際線到着ロビー International Arrivals Lobby	국제선 도착 로비
フライト案内 Flight Information	비행 안내
国際線乗り継ぎ International Transfer	국제선 환승

Part 3

숙박

01 호텔 예약

어떤 방이 좋으시겠어요?
どのようなお部屋がよろしいでしょうか。
도노요-나 오헤야가 요로시-데쇼-까

_____으로 부탁해요.
をお願いします。
오 오네가이시마스

_____을 주세요.
をください。
오 구다사이

싱글 룸
シングルルーム
싱구루 루-무

트윈 룸
ツインルーム
쓰인 루-무

더블 룸
ダブルルーム
다부루 루-무

욕실 딸린 방
バス付きの部屋
바스쓰끼노 헤야

샤워 딸린 방
シャワー付きの部屋
샤와-쓰끼노 헤야

만약 여행을 떠나기 전에 호텔을 예약하지 않았다면 현지 공항에 도착하여 공항의 여행안내소나 시내의 観光案内所(Tourist Information)에서 물어보고 호텔예약 안내를 받도록 합시다. 예약을 해주는 곳도 있기는 하지만, 가능하면 한국에서 출발하기 전에 예약을 해두는 것이 좋습니다. 예약할 때는 요금, 입지, 치안 등을 고려해서 정하도록 합시다.

오늘밤 묵을 호텔을 예약하고 싶은데요.

今晩のホテルを予約したいのですが。

곰반노 호테루오 요야꾸시따이노데스가

다른 호텔을 소개해 주세요.

ほかのホテルを紹介してください。

호까노 호테루오 쇼-까이시떼 구다사이

오늘밤 방은 비어 있나요?

今晩部屋は空いていますか。

곰방 헤야와 아이떼 이마스까

욕실이 딸린 싱글은 얼마입니까?

バス付きのシングルはいくらですか。

바스 쓰끼노 싱구루와 이꾸라데스까

아침식사는 나옵니까?

朝食は付いていますか。

쵸-쇼꾸와 쓰이떼 이마스까

비성수기 할인은 없나요?

オフシーズン割引はありませんか。

오후시-즌 와리비끼와 아리마셍까

02 호텔 체크인

> **호텔의 스텝**

会計/支配人 카이께ー / 시하이닝	회계/지배인 요금 정산 및 금고 관리
プロントデスク 프론토데스쿠	프론트데스크 체크인, 체크아웃
受付 우케쓰께	접수 프런트, 룸키와 메시지 취급
案内 안나이	안내 식당이나 여행 등의 안내와 예약 및 상담
ドアマン 도아망	도어맨 제복을 입고 현관에서 투숙객을 맞이하고 보냄
ポーター 포타ー	포터 차에서 프런트까지 짐 운반
ベルマン 베루망	벨맨 고객 동반하여 객실을 왕래하는 사람
ベルキャプテン 베루 카푸텡	벨캡틴 벨보이, 도어맨, 포터를 감독하는 사람
部屋付きボーイ 헤야쓰끼보ー이	발렛 룸서비스 운반
ルームメイド 루ー무 메이도	1룸메이드 객실을 청소하거나 정리정돈하는 객실정비원

우리나라의 호텔과 마찬가지로 호텔의 체크인 시각은 보통 오후 2시부터이므로 너무 늦게 도착하지 않도록 합시다. 만약 호텔 도착 시간이 오후 6시를 넘을 때는 예약이 취소되는 경우도 있으므로 늦을 경우에는 미리 호텔에 도착시간을 전화로 알려두는 것이 좋습니다. 호텔에 도착하여 체크인할 때는 방의 형태, 설비, 요금, 체재 예정 등을 확인하도록 합시다.

예약을 한 김진호입니다.

予約をしているキムジンホです。

요야꾸오 시떼 이루 김진호데스

3박 합니다.

三泊します。

삼빠꾸시마스

전망이 좋은 방으로 주세요.

眺めのいい部屋をお願いします。

나가메노 이- 헤야오 오네가이시마스

숙박카드

HILL HOTEL GUEST REGISTRATION		

성명

자택주소
전화번호

여권번호
국적, 나이

차번호

자동차 메이커
자동차 모델명
연식

서명

호텔측
기입사항

Full name		
Last	First	Middle

Home Address:		Tel:	

Passport No:	Nationality:	Age:

License plate Number:		

Make:	Model:	Year:

Signature:		

Method of payment:		Arrival Date:
□ Cash	$	Departure Date:
□ Credit Card		Room No:
□ Other		

All of at the Hill Hotel are grateful for your patronage.		

모르면 대략난감 **Best Expressions**

체크인하고 싶은데요.

チェックインしたいんですが。

첵쿠인시따인데스가

예약은 안 했는데, 방은 있나요?

予約はしていませんが、部屋はありますか。

요야꾸와 시떼 이마셍가, 헤야와 아리마스까

조용한 방으로 주세요.

静かな部屋をお願いします。

시즈까나 헤야오 오네가이시마스

전망이 좋은 방으로 주세요.

眺めのよい部屋をお願いします。

나가메노 요이 헤야오 오네가이시마스

1박을 더 하고 싶은데요.

もう一泊したいんですが。

모- 입빠꾸 시따인데스가

이게 방 열쇠입니다.

こちらが部屋のカギとなります。

고찌라가 헤야노 카기또 나리마스

82

숙박카드를 작성해 주십시오.
宿泊カードにご記入してください。
슈구하꾸 카-도니 고키뉴-시떼 구다사이

쓰는 법을 모르겠어요.
書き方がわからないのです。
가끼카따가 와까라나이노데스

지불은 어떻게 하시겠습니까?
お支払いはどうなさいますか。
오시하라이와 도- 나사이마스까

선불은 필요한가요?
前金は必要ですか。
마에낑와 히쯔요-데스까

짐을 방까지 옮겨 줄래요?
荷物を部屋まで運んでくれますか。
니모쯔오 헤야마데 하꼰데 구레마스까

더 큰 방으로 바꿔 주세요.
もっと大きい部屋に替えてください。
못또 오-끼- 헤야니 가에떼 구다사이

03 호텔 프런트에서

방을 바꿔주시겠어요?

部屋を替えてもらいたいのですが。

헤야오 가에떼 모라이따이노데스가

무슨 문제라도 있으십니까?

何か問題でもありますか。

나니까 몬다이데모 아리마스까

🗨

호텔에서 체크인을 하면 이제 본격적으로 여행이 시작됩니다. 현지 관광 등의 안내를 받고자 할 때는 프런트에 물으면 됩니다. 또한 호텔 내의 시설이나 와 이파이 패스워드 등은 체크인할 때 확인해 두도록 합시다. 외출할 때는 프런트 에 들러서 관광에 필요한 정보를 얻도록 합시다. 왠만한 여행정보는 프런트에 서 간단하게 얻을 수 있으며 예약도 부탁할 수 있습니다.

수영장은 무료입니까?

プールは無料ですか。

푸-루와 무료-데스까

선물을 살 수 있는 가게는 있나요?

おみやげを買える店はありますか。

오미야게오 가에루 미세와 아리마스까

정원에서 식사할 수 있나요?

庭で食事できますか。

니와데 쇼꾸지 데끼마스까

이 가방을 5시까지 맡아주었으면 하는데요.

このかばんを5時まで預ってもらいたいのですが。

고노 가방오 고지마데 아즈깟떼 모라이따이노데스가

여기서 관광버스 표를 살 수 있나요?

ここで観光バスのチケットを買えますか。

고꼬데 강꼬-바스노 치켓토오 가에마스까

이 소포를 한국으로 보내고 싶은데요.

この小包を韓国へ送りたいんですが。

고노 고즈쓰미오 캉코꾸에 오꾸리따인데스가

85

04 룸서비스

_____호실인데요.
こちらは _____ 号室です。
고찌라와   고-시쯔데스

룸서비스를 부탁합니다.
ルームサービスをお願いします。
루-무사-비스오 오네가이시마스

_____을 갖다 주세요.
を持ってきてください。
오 못떼 기떼 구다사이

맥주 두 잔
ビール2つ
비-루 후따쯔

타월
タオル
타오루

커피 두 잔
コーヒー2つ
코-히- 후따쯔

아침식사
朝食
쵸-쇼꾸

주문한 게 아직 안 왔어요.
注文したものがまだ来ません。
츄=몬시따 모노가 마다 기마셍

프런트에서 체크인을 마치면 열쇠를 받아 배정된 방으로 짐을 가지고 들어갑니다. 만약 짐이 많을 경우에는 벨보이에게 부탁하면 됩니다. 룸서비스는 객실에서 식사를 하거나 음료, 주류 등을 마시고 싶을 때 이용합니다. 메뉴를 선택하여 전화를 걸면 객실로 배달해 주며 음식 값은 룸 차지(Room Charge)로 해두면 체크아웃할 때 정산됩니다.

룸서비스는 있나요?

ルームサービスはありますか。

루-무사-비스와 아리마스까

몇 호실입니까?

何号室ですか。

낭고-시쯔데스까

마실 물이 필요한데요.

飲む水がほしいのですが。

노무 미즈가 호시-노데스가

드라이어를 갖다 주세요.

ドライヤーを持って来てください。

도라이야-오 못떼 기떼 구다사이

잠시 기다려 주세요.

ちょっと待ってください。

촛또 맛떼 구다사이

들어오세요.

お入りください。

오하이리쿠다사이

---

05 호텔 시설을 이용할 때

이 호텔에 _____은 있나요?
このホテルに _____ はありますか。
고노 호테루니   와 아리마스까

우체국
郵便局
유-빙쿄꾸

관광안내소
観光案内所
강꼬-안나이죠

기념품가게
土産店
미야게뗑

세탁소
クリーニング屋
쿠리-닝구야

이발소
床屋
도꼬야

커피숍
コーヒーショップ
코-히-숍뿌

미용실
美容室
비요-시쯔

칵테일 라운지
カクテルラウンジ
카쿠테루 라운지

약국
薬屋
구스리야

식당
レストラン
레스토랑

서점
書店
쇼뗑

연회장
宴会場
엥까이죠-

호텔 안의 시설이나 서비스 내용은 체크인할 때 확인할 수 있으니 ホテルに はどんな施設(しせつ)がありますか?(호텔 안에 어떤 시설이 있나요?)라고 물어보세요. 무료로 이용할 수 있는 것도 꽤 많습니다. 예약이나 트러블, 문의 사항은 대부분 프런트 데스크에 부탁하면 해결을 해주지만, 클리닝, 룸서비스 등의 내선번호는 방에 준비되어 있는 안내서에 적혀 있습니다.

88

모르면 대략난감 **Best Expressions**

세탁을 부탁합니다.

洗濯物をお願いします。

센따꾸모노오 오네가이시마스

이 옷을 세탁해 주세요.

この衣類を洗濯してください。

고노 이루이오 센따꾸시떼 구다사이

이 와이셔츠를 다려 주세요.

このワイシャツにアイロンをかけてください。

고노 와이샤츠니 아이롱오 가케떼 구다사이

호텔 안에 이발소는 있나요?

ホテル内に理髪店はありますか。

호테루 나이니 리하쯔뗑와 아리마스까

헤어드라이로 말려 주세요.

ヘアドライヤーをかけてください。

헤아도라이야-오 가케떼 구다사이

가능한 빨리 해주세요.

できるだけ早くお願いします。

데끼루다께 하야꾸 오네가이시마스

---

06 외출할 때

방 열쇠 좀 보관해 주시겠어요?

部屋の鍵を預かってください。

헤야노 카기오 아즈캇떼 구다사이

알겠습니다.

かしこまりました。

카시꼬마리마시다

여행사의 단체관광여행을 간 경우에는 외출할 때 반드시 인솔자나 현지 안내원에게 행선지와 연락처를 남겨야 합니다. 호텔의 이름과 주소가 적혀 있는 호텔카드나 명함을 꼭 챙기고 목적지까지 노선을 미리 확인해두면 낯선 곳에서 길 찾느라 어리버리 헤매는 시간을 줄일 수 있습니다.

귀중품을 맡아주세요.
貴重品を預かってください。
기쬬-힝오 아즈깟떼 구다사이

저한테 메시지는 없나요?
私 宛のメッセジーは届いていますか。
와따시 아떼노 멧세지-와 도도이떼 이마스까

방 번호를 잊어버렸습니다.
部屋の番号を忘れてしまいました。
헤야노 방고-오 와스레떼 시마이마시다

11시가 지나서 돌아올 예정입니다.
11時過ぎに戻る予定です。
쥬-이찌지 스기니 모도루 요떼-데스

오늘밤은 늦게 돌아옵니다.
今夜は帰りが遅くなります。
공야와 가에리가 오소꾸 나리마스

맡긴 짐을 주시겠어요?
預けた荷物をもらいたいのですが。
아즈께따 니모쯔오 모라이따이노데스가

91

07 호텔에서의 트러블

_____에서 물이 새요.
_____ から水がもれています。
까라 미즈가 모레떼 이마스

물이 안 내려가요.(화장실)
水が流れません。
미즈가 나가레마셍

타월이 없어요.
タオルがありません。
타오루가 아리마셍

샴푸
シャンプー
샴푸-

린스
リンス
린스

치약
歯磨き粉
하미가키꼬

칫솔
歯ブラシ
하부라시

비누
石けん
섹껭

수도꼭지
水道の蛇口
스이도-노 쟈구찌

호텔에 머물다 보면 서비스나 이용에 대한 불만이 생길 수도 있습니다. 따라서 호텔 이용이 모두 만족할 수는 없습니다. 머무르고 있는 방에 타월이나 세면도구 등의 비품이 제대로 갖추어져 있지 않거나 가전제품의 고장으로 인한 불편이 있을 수 있습니다. 또한 도난사고도 있을 수 있습니다. 문제가 발생했을 때는 반드시 프런트 데스크에 연락을 취해 해결하도록 합시다.

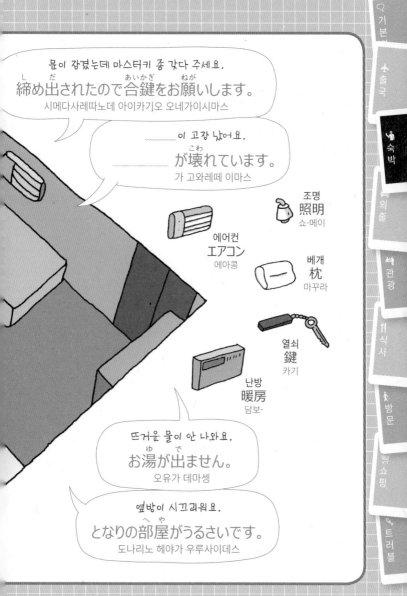

문이 잠겼는데 마스터키 좀 갖다 주세요.
締め出されたので合鍵をお願いします。
시메다사레따노데 아이카기오 오네가이시마스

_____ 이 고장 났어요.
_____ が壊れています。
가 고와레떼 이마스

조명
照明
쇼-메이

에어컨
エアコン
에아콩

베개
枕
마꾸라

열쇠
鍵
카기

난방
暖房
담보-

뜨거운 물이 안 나와요.
お湯が出ません。
오유가 데마셍

옆방이 시끄러워요.
となりの部屋がうるさいです。
도나리노 헤야가 우루사이데스

방이 무척 추운데요.

部屋がとても寒いんですが。

헤야가 도떼모 사무인데스가

에어컨이 고장났습니다.

エアコンが壊れています。

에아콩가 고와레떼 이마스

화장실이 막힌 것 같은데요.

トイレが詰まってしまったようです。

토이레가 쓰맛떼 시맛따 요-데스

샤워기에 뜨거운 물이 나오지 않아요.

シャワーのお湯が出ません。

샤와-노 오유가 데마셍

무슨 이상한 냄새가 나는데요.

何か変なにおいがします。

낭까 헨나 니오이가 시마스

텔레비전 화면이 너무 안 좋아요.

テレビの映りが悪すぎます。

테레비노 우쯔리가 와루스기마스

방을 깨끗이 청소해 주세요.

部屋をきれいに掃除してください。

헤야오 기레이니 소-지시떼 구다사이

옆방이 시끄러운데요.

となりの部屋がうるさいのですが。

도나리노 헤야가 우루사이노데스가

다른 방으로 바꿔 주시겠어요?

他の部屋に替えていただけますか。

호까노 헤야니 가에떼 이따다께마스까

잠깐 와 주세요.

ちょっと来てください。

촛또 기떼 구다사이

칫솔과 치약을 주세요.

歯ブラシと歯磨き粉をください。

하부라시또 하미가키꼬오 구다사이

방으로 가져오세요.

部屋に持ってきてください。

헤야니 못떼 기떼 구다사이

08 체크아웃

_____ 호실입니다.

こちらは _____ 号室です。
고찌라와　　　　　　고-시쯔데스

출발합니다.

出発します。
슙빠쯔시마스

짐 좀 가지러 오세요.

荷物を取りに来てください。
니모쯔오 도리니 기떼 구다사이

5시까지 짐 좀 맡아 주세요.

5時まで荷物を預かってください。
고지마데 니모쯔오 아즈캇떼 구다사이

여행을 마치고 호텔을 떠날 때 체크아웃을 해야 합니다. 아침 일찍 호텔을 떠날 예정이라면 전날 밤에 짐을 꾸려 놓고, 다음날 아침 시간에 맞춰 짐을 가지러 오도록 미리 벨캡틴에게 부탁해두는 게 좋습니다. 택시를 부르거나 공항버스 시각을 알아두고 체크아웃 예약도 전날 밤 해두면 편하게 출발할 수 있습니다. 방을 나서기 전에 놓고 가는 물건이 없는지 꼼꼼히 확인하세요.

정산을 부탁해요.
精算をお願いします。
세-상오 오네가이시마스

이 카드도 되나요?
このカードでいいですか。
고노 카-도데 이-데스까

즐거웠습니다. 고마워요.
快適でした。どうもありがとう。
카이테끼데시다. 도-모 아리가또-

> 호텔 영수증에 있는 항목

借り
차용 / DEB(debt)

合計(金額)
합계(금액) / AMOUNT

室料
객실료 / RMC(room charge)

ルームサービス
룸서비스 / room service

税金
세금 / TAX

レストラン
레스토랑 / restaurant

長距離電話
장거리전화 / LDC(long distance call)

洗濯代
세탁비 / laundry

택시를 불러 주세요.
タクシーを呼んでください。
타꾸시-오 욘데 구다사이

97

체크아웃을 부탁합니다.

チェックアウトをお願いします。

첵쿠아우토오 오네가이시마스

맡긴 귀중품을 주세요.

預けた貴重品をお願いします。

아즈케따 기쬬-힝오 오네가이시마스

여러모로 신세를 졌습니다.

いろいろお世話になりました。

이로이로 오세와니 나리마시다

택시를 불러 주세요.

タクシーを呼んでください。

타꾸시-오 욘데 구다사이

방에 물건을 두고 나왔습니다.

部屋に忘れ物をしました。

헤야니 와스레모노오 시마시다

고맙습니다. 여기 계산서입니다.

ありがとうございます。はい、勘定書きです。

아리가또-고자이마스. 하이, 간쬬-가끼데스

영수증을 주세요.
領収書をください。
료-슈-쇼오 구다사이

지불은 어떻게 하시겠어요?
支払いはどうなさいますか。
시하라이와 도- 나사이마스까

신용카드로 지불할게요.
クレジットカードで支払います。
쿠레짓토카-도데 시하라이마스

이게 방 열쇠입니다.
これが部屋の鍵です。
고레가 헤야노 카기데스

오전 10시까지 택시를 불러 주세요.
午前10時までタクシーを呼んでください。
고젠 쥬-지마데 타쿠시-오 욘데 구다사이

공항으로 가는 송영 버스는 어디서 타나요?
空港への送迎バスはどこから乗るのですか。
쿠-꼬-에노 소-게-바스와 도꼬까라 노루노데스까

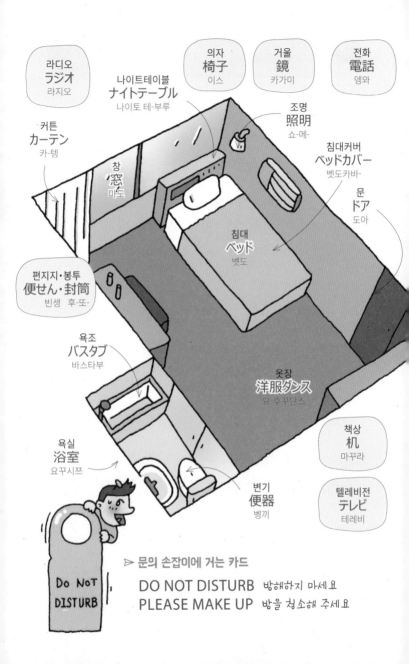

라디오
ラジオ
라지오

의자
椅子
이스

거울
鏡
카가미

전화
電話
뎅와

나이트테이블
ナイトテーブル
나이토 테-부루

조명
照明
쇼-메-

침대커버
ベッドカバー
벳도카바-

커튼
カーテン
카-텡

창
窓
마도

문
ドア
도아

침대
ベッド
벳도

편지지・봉투
便せん・封筒
빈셍 후-또-

욕조
バスタブ
바스타부

옷장
洋服ダンス
요-후꾸단스

책상
机
마꾸라

욕실
浴室
요꾸시쯔

변기
便器
벵끼

텔레비전
テレビ
테레비

▷ 문의 손잡이에 거는 카드

DO NOT DISTURB 방해하지 마세요
PLEASE MAKE UP 방을 청소해 주세요

DO NOT DISTURB

Part 4

외출

이 지도에서 _____ 는 어디에 있습니까?

この地図で _____ はどこですか。
ちず
고노 치즈데   와 도꼬데스까

여기	ここ 고꼬
버스정류소	バス停 바스떼-
우체국	郵便局 유-빙쿄꾸
은행	銀行 깅꼬-
미술관	美術館 비쥬쓰깡
백화점	デパート 데파-토

_____ 으로 가는 길을 가르쳐 주세요.

_____ へ行く道を教えてください。
い みち おし
에 이꾸 미찌오 오시에떼 구다사이

현지 여행을 할 때 길을 잘 모르기 때문에 헤매는 경우가 종종 있습니다. 요즘은 스마트폰으로 목적지를 찾아서 가는 경우가 많지만 그래도 현지인의 도움이 필요할 때가 있습니다. 일본인 여행객이 길을 물어올 때도 당황하지 말고 다음 표현을 잘 익혀두어 자신 있게 대처하도록 합시다. 만약 길을 알고 있으면 거기까지 데리고 가는 것이 가장 확실한 방법입니다.

길을 잃었는데요.
道に迷ったんですが。
미찌니 마욧딴데스가

여기는 어디죠?
ここはどこですか。
고꼬와 도꼬데스까

저는 이 지도 어디에 있죠?
わたしは、この地図のどこにいるのですか。
와따시와, 고노 치즈노 도꼬니 이루노데스까

역은 어떻게 가면 좋을까요?
駅へはどう行ったらいいですか。
에끼에와 도- 잇따라 이-데스까

미안합니다. 잘 모르겠어요.
すみません。よくわかりません。
스미마셍. 요꾸 와까리마셍

저도 여기는 처음이에요.
わたしもここははじめてです。
와따시모 고꼬와 하지메떼데스

103

택시를 어디서 탈 수 있나요?
タクシーはどこで拾えますか。
타쿠시-와 도꼬데 히로에마스까

어디까지 가십니까?
どちらまで？
도찌라마데

이 주소(메모를 보여주며) **この住所のところ**
고노 쥬-쇼노 도꼬로

이곳	**ここ**	공원	**上野公園**
	고꼬		우에노 코-엥
백화점	**伊勢丹デパート**	호텔	**帝国ホテル**
	이세탄 데파-토		테-코꾸 호테루

_____ **へ行ってください。**
에 잇떼 구다사이

표시등에 빨간색 글자로 空車라고 쓰여 있는 택시는 탈 수 있으며, 왼쪽 뒷문을 자동으로 열어주면 승차합니다. 운전기사에게 행선지를 ~までお願いします(~까지 가주세요)라고 기사에게 말하고, 목적지를 잘 모를 때는 주소를 보이며 この住所(じゅうしょ)までお願いします(이 주소로 가주세요)라고 말한 다음 내릴 때 요금을 지불하면 됩니다. 물론 신용카드 지불도 가능합니다.

택시를 불러 주세요.
タクシーを呼んでください。
타꾸시-오 욘데 구다사이

택시승강장은 어디에 있어요?
タクシー乗り場はどこですか。
타꾸시-노리바와 도꼬데스까

트렁크를 열어 주세요.
トランクを開けてください。
토랑쿠오 아케떼 구다사이

이리 가 주세요.
ここへ行ってください。
고꼬에 잇떼 구다사이

공항까지 가 주세요.
空港までお願いします。
쿠-꼬-마데 오네가이 시마스

여기서 세워 주세요.
ここで止めてください。
고꼬데 도메떼 구다사이

---

03 버스를 탈 때

(_____ 행) 버스정류소는 어디에 있나요?
(_____ 行きの)バス乗り場はどこですか。
유끼노) 바스노리바와 도꼬데스가까

이 버스는 _____에 갑니까?
このバスは _____ に行きますか。
고노 바스와   니 이끼마스까

이 버스는 _____ 를 지나갑니까?
このバスは _____ を通りますか。
고노 바스와   오 도-리마스까

일본의 버스 요금은 전 노선이 균일한 데도 있고, 거리에 따라서 요금이 가산
되는 곳도 있습니다. 요즘은 전자식 IC카드를 이용 가능하며, 탑승구 오른쪽에
장착된 단말기에 터치한 후 내릴 때 운전사 옆에 장착된 단말기를 터치하면 자
동으로 요금이 정산되므로, 이동 거리에 따라 요금이 달라지는 일본에서는 현
금보다는 카드를 사용하는 것이 편리합니다.

버스정류장은 어디서 있어요?

バス停はどこにありますか。

바스떼-와 도꼬니 아리마스까

여기 버스정류장에서 내리면 돼요?

ここのバス停で降りればいいですか。

고꼬노 바스떼-데 오리레바 이-데스까

이 버스는 공원까지 가나요?

このバスは公園まで行きますか。

고노 바스와 코-엠마데 이끼마스까

저기요. 이 자리는 비어 있어요?

すみません、この席は空いていますか。

스미마셍, 고노 세끼와 아이떼 이마스까

여기요, 내릴게요.

すみません、降ります。

스미마셍, 오리마스

버스터미널은 어디에 있어요?

バスターミナルはどこにありますか。

바스 타-미나루와 도꼬니 아리마스까

107

가장 가까운 전철역은 어디죠?

もよりの電車の駅はどこですか。

모요리노 덴샤노 에끼와 도꼬데스까

저 아파트 앞에 있어요.

あのデパートの前にあります。

아노 데파-토노 마에니 아리마스

지하철표는 어디서 사죠?

地下鉄の切符はどこで買えますか。

치카테쯔노 깁뿌와 도꼬데 가에마스까

개찰구 옆에 발권기가 있습니다.

改札口のとなりに発券機があります。

카이사쯔구찌노 도나리니 학켕끼가 아리마스

교통수단을 이용할 때는 우선 노선도를 구하도록 합시다. 전철이나 지하철 노선도는 어느 역에서나 무료로 얻을 수가 있습니다. 전철이나 지하철을 탈 경우에는 먼저 표를 자동판매기로 구입합니다. 보통 판매기 위쪽에 노선도가 걸려 있기 때문에 역의 이름과 요금을 알 수 있습니다. 목적지까지의 표를 구입한 다음에 개찰구 통과하여 탑승하면 됩니다.

가장 가까운 역은 어디인가요?

もよりの駅はどこですか。

모요리노 에끼와 도꼬데스까

지하철의 노선도는 없나요?

地下鉄の路線図はありませんか。

치카테쯔노 로센즈와 아리마셍까

이 전철을 타면 되나요?

この電車に乗ればいいですか。

도노 덴샤니 노레바 이-노데스까

이 역은 급행전철이 서나요?

この駅は急行電車は止まりますか。

고노 에끼와 큐-꼬-덴샤와 도마리마스까

마지막 전철은 몇 시인가요?

終電は何時ですか。

슈-뎅와 난지데스까

어디서 갈아타나요?

どの駅で乗り換えるのですか。

도노 에끼데 노리까에루노데스까

_____까지 신칸센은 있나요?

_____までの新幹線はありますか。
しんかんせん

마데노 신깐셍와 아리마스까

_____까지 가는 열차는 어느 것입니까?

_____まで行く列車どれですか。
い   れっしゃ

마데 이꾸 렛샤와 도레데스까

A까지 표를 B장 주세요.

Aまでの切符をB枚ください。
きっ ぷ   まい

A마데노 깁뿌오 B마이 구다사이

편도	片道 카타미찌	침대차	寝台車 신다이샤
왕복	往復 오-후꾸	지정석	指定席 시떼-세끼
급행	急行列車 큐-꼬-렛샤	~행	～行き 유끼
보통	普通列車 후쓰-렛샤	유효	有効 유-꼬-

일본의 철도는 시간이 정확한 것과 안전성이 높기로 유명합니다. 최대 규모의 JR(일본철도) 그룹은 국내 전역의 그물망같은 노선망을 정비하고 있습니다. 열차표의 요금은 거리에 따라 다르며, 특급, 급행 등의 운행 형태나 좌석 형태에 따라서도 추가요금이 별도로 필요합니다. 열차표는 역 구내의 창구(みどりの窓口)나 각 역에 설치된 자동판매기에서 구입이 가능합니다.

매표소는 어디에 있어요?

切符売り場はどこですか。

깁뿌우리바와 도꼬데스까

도쿄까지 편도를 주세요.

東京までの片道切符をください。

토-꾜-마데노 카따미찌 깁뿌오 구다사이

더 이른 열차는 없어요?

もっと早い列車はありませんか。

못또 하야이 렛샤와 아리마셍까

이건 교토행인가요?

これは京都行きですか。

고레와 쿄-또유끼데스까

중간에 내릴 수 있어요?

途中で下車はできますか。

도쮸-데 게샤와 데끼마스까

열차를 놓치고 말았어요.

列車に乗り遅れてしまいました。

렛샤니 노리오꾸레떼 시마이마시다

06 비행기를 탈 때

비행기 예약을 부탁합니다.
飛行機の予約をお願いします。
ひ こう き　　 よ やく　　　　　 ねが
히코-끼노 요야꾸오 오네가이시마스

(기내 맡길) 짐은 없습니다.
荷物はありません。
に もつ
니모쯔와 아리마셍

(기내 맡길) 짐이 있습니다.
荷物があります。
に もつ
니모쯔가 아리마스

창가쪽 좌석으로 주세요.
窓際の席をお願いします。
まどぎわ　 せき　　　　　　 ねが
마도기와노 세끼오 오네가이시마스

일본은 철도 노선이 발달되어 있기 때문에 일본 국내에서 이동은 비행기보다는 신칸센 등 철도를 이용하는 게 편리할 수도 있습니다. 하지만 일본항공 (JAL), 전일공(ANA)을 비롯한 여러 항공사가 일본 전역에 걸쳐 광범위하게 노선을 운항하고 있습니다. 일정이 바쁜 여행자 혹은 신칸센이 운행되지 않는 지역으로 갈 때에는 국내선 이용이 편리합니다.

비행기 예약을 부탁할게요.

フライトの予約をお願いします。

후라이토노 요야꾸오 오네가이시마스

지금 체크인할 수 있어요?

今チェックインできますか。

이마 첵쿠인 데끼마스까

이 짐은 기내로 가져 갈 거예요.

この荷物は機内持ちこみです。

고노 니모쯔와 기나이 모찌꼬미데스

이 짐을 맡길게요.

この荷物をあずけます。

고노 니모쯔오 아즈께마스

탑승은 시작되었어요?

搭乗は始まっていますか。

토-죠-와 하지맛떼 이마스까

몇 번 출구로 가면 되죠?

何番ゲートに行けばいいのですか。

남반 게-토니 이께바 이-노데스까

차를 빌리고 싶은데요.
車を借りたいのですが。
구루마오 가리따이노데스가

CAR rent

소형차로 주세요.
小型の車をください。
코가따노 구루마오 구다사이

도로지도 道路地図 도-로치즈	매뉴얼 マニュアル 마뉴아루
보험 保険 호껭	오토매틱 オートマチック 오-토마칙꾸

automatic

4wd

도쿄나 오사카, 나고야 같은 대도시는 대중교통이 발달하여 차를 빌려 관광할 일은 많지 않지만, 대도시를 벗어나면 대중교통이 많이 불편합니다. 렌터카를 빌릴 때는 여권과 국제면허증이 필요합니다. 만일을 대비하여 보험도 잊지 말고 꼭 들어둡시다. 관광시즌에는 한국에서 출발하기 전에 미리 렌터카 회사에 예약을 해두는 게 좋습니다.

렌터카를 빌리고 싶은데요.

レンタカーを借りたいんですが。

렌타카-오 가리따인데스가

렌터카 목록을 보여 주세요.

レンタカーリストを見せてください。

렌타카- 리스토오 미세떼 구다사이

차종은 뭐가 좋을까요?

車種は何がいいですか。

샤슈와 나니가 이-데스까

요금은 어떻게 됩니까?

料金はどうなっていますか。

료-낑와 도- 낫떼 이마스까

도로지도를 주시겠어요?

道路地図をいただけますか。

도-로치즈오 이따다께마스까

운전면허증을 보여주시겠어요?

運転免許証を見せてくださいませんか。

운뗌멩꾜쇼-오 미세떼 구다사이마셍까

08 차를 운전할 때

(지도를 가리키며) 여기가 어딥니까?
ここはどこですか。
고꼬와 도꼬데스까

가득 채워주세요.
満タンにしてください。
만딴니 시떼 구다사이

주유소	ガソリンスタンド
	가소린스탄도
무연휘발유	無鉛ガソリン
	무엥 가소링
유연휘발유	有鉛ガソリン
	유-엥 가소링
셀프 주유소	セルフサービス
	세루후사-비스

주요 도로의 대부분은 일본어와 영어 표지판을 사용하며 지방의 소도시에서는 표지판이 많지 않은 경우가 있습니다. 주요 도시 이외의 지역에서 운전을 계획한다면 출발 전에 신뢰할 수 있는 지도 맵, 네비게이션을 준비하는 것이 좋습니다. 렌터카를 이용하고 싶은 경우는 사전에 예약하는 것이 좋으며, 참고로 일본에서는 차는 좌측통행이며 고속도로는 유료입니다.

모르면 대략난감 **Best Expressions**

여기에 주차해도 될까요?

ここに駐車してもいいですか。

고꼬니 츄-샤시떼모 이-데스까

이 근처에 주유소가 있어요?

この近くにガソリンスタンドはありますか。

고노 치카꾸니 가소린스탄도와 아리마스까

가득 넣어 주세요.

満タンにしてください。

만딴니 시떼 구다사이

타이어가 펑크 났어요.

タイヤがパンクしました。

타이야가 팡쿠시마시다

다음 휴게소에서 밥을 먹읍시다.

次のサービスエリアでご飯を食べましょう。

쓰기노 사-비스에리아데 고항오 다베마쇼-

차를 반환할게요.

車を返します。

구루마오 가에시마스

117

☞ 거리에서 볼 수 있는 게시판

注意	주의
危険	위험
渡るな	건너지 마시오
渡る	건너시오
とまれ	정지
駐車場	주차장
駐車禁止	주차금지
停車禁止	정차금지
出入禁止	출입금지
通行禁止	통행금지
譲れ	양보
一時停止	일단정지
追い越し禁止	추월금지
進入禁止	진입금지
一方通行	일방통행
入口	입구
出口	출구
乗り換え所	갈아타는 곳

Part 5

관광

나는 _____에 가고 싶은데요.

わたしは _____ に行きたいです。

와따시와 　　　　　　니 이끼따이데스

나는 _____를 보고 싶은데요.

わたしは _____ を見たいです。

와따시와 　　　　　　오 미따이데스

거기는 어떻게 갑니까?

そこへはどうやって行くのですか。

소꼬에와 도-얏떼 이꾸노데스까

길을 잃어버렸습니다.

道に迷ってしまいました。

미찌니 마욧떼 시마이마시다

한국어 가이드는 있나요?

韓国語のガイドはいますか。

캉코쿠고노 가이도와 이마스까

단체여행인 경우는 현지 가이드의 안내에 따라 관광을 하면 되지만, 개인여행인 경우는 현지의 観光案内所를 잘 활용하는 것도 즐거운 여행이 되는 하나의 방법입니다. 관광안내소는 대부분이 시내의 중심부에 있으며 볼거리 소개부터 버스 예약까지 여러 가지 서비스를 하고 있습니다. 무료 시내지도, 지하철 노선도 등이 구비되어 있으므로 정보수집에 매우 편리합니다.

관광안내소는 어디에 있어요?
観光案内所はどこですか。
캉꼬-안나이죠와 도꼬데스까

관광 팸플릿을 주세요.
観光パンフレットをください。
캉꼬- 팡후렛토오 구다사이

여기서 볼 만한 곳을 알려 주세요.
ここの見どころを教えてください。
고꼬노 미도꼬로오 오시에떼 구다사이

지금 인기가 있는 관광지는 어디죠?
今人気のある観光スポットはどこですか。
이마 닝끼노 아루 캉꼬- 스폿토와 도꼬데스까

뭔가 축제는 하고 있나요?
何かお祭りはやっていますか。
나니까 오마쯔리와 얏떼 이마스까

여기서 입장권을 살 수 있나요?
ここで入場券が買えますか。
고꼬데 뉴-죠-껭가 가에마스까

관광투어에는 어떤 것이 있나요?

観光ツアーにはどんなものがありますか。

캉꼬-쓰아-니와 돈나 모노가 아리마스까

어디에서, 몇 시에 출발하나요?

どこから、何時に出発しますか。

도꼬까라, 난지니 슙빠쯔시마스까

몇 시에 돌아오죠?

何時に戻ってきますか。

난지니 모돗떼 기마스까

패키지 여행으로 단체관광을 할 경우에는 준비된 버스를 이용하여 관광을 하기 때문에 큰 불편은 없지만, 단독으로 여행을 할 때는 관광안내소 등에서 투어를 소개받아야 합니다. 관광버스에는 일본어 안내원이 동행하여 그 지역 유명 관광지를 순환하는 정기 관광버스가 있습니다. 대부분 기차역 주변에서 출발하여 3시간, 반나절, 하루코스 등이 있습니다.

모르면 대략난감 **Best Expressions**

어떤 종류의 투어가 있나요?

どんな種類のツアーがありますか。

돈나 슈루이노 쓰아-가 아리마스까

투어 팜플렛을 주세요.

ツアーのパンフレットをください。

쓰아-노 팡후렛토오 구다사이

시내 투어는 있나요?

市内のツアーはありますか。

시나이노 쓰아-와 아리마스까

야간관광은 있나요?

ナイトツアーはありますか。

나이토쓰아-와 아리마스까

당일치기할 수 있는 곳이 좋겠는데요.

日帰りできるところがいいんですが。

히가에리 데끼루 도꼬로가 이인데스가

투어는 몇 시간 걸립니까?

ツアーは何時間かかりますか。

쓰아-와 난지깡 가까리마스까

기본

출국

숙박

외출

관광

식사

방문

쇼핑

트러블

123

03 관광지에서

저것은 무엇입니까?
あれは何ですか。
아레와 난데스까

저것은 무슨 산입니까?
あれは何の山ですか。
아레와 난노 야마데스까

저것은 무슨 강입니까?
あれは何の川ですか。
아레와 난노 가와데스까

저 건물은 무엇입니까?
あの建物は何ですか。
아노 다떼모노와 난데스까

일본은 화산, 해안 등 경관이 뛰어나고 온천이 많아서 자연적인 관광자원과 교토, 나라, 가마쿠라 및 도쿄 등 옛 정치 중심지에는 역사적인 관광자원이 풍부합니다. 또한 도쿄, 오사카, 나고야 등 대도시에서는 고층건물과 번화가, 공원, 박물관, 미술관 등 경제대국으로서의 일본의 도시적인 관광자원을 다양하게 접할 수 있습니다.

저것은 무엇이죠?
あれは何ですか。
아레와 난데스까

저 건물은 무엇이죠?
あの建物は何ですか。
아노 다떼모노와 난데스까

저건 뭐라고 하죠?
あれは何と言いますか。
아레와 난또 이-마스까

정말로 경치가 멋지군요.
ほんとうに景色がすばらしいですね。
혼또-니 케시끼가 스바라시-데스네

여기서 얼마나 머물죠?
ここでどのくらい止まりますか。
고꼬데 도노쿠라이 도마리마스까

몇 시에 버스로 돌아오면 되죠?
何時にバスに戻ってくればいいですか。
난지니 바스니 모돗떼 구레바 이-데스까

지금 인기 있는 연극은 무엇입니까?

今人気のある芝居は何ですか。
이마 닝끼노 아루 시바이와 난데스까

영화	오페라	뮤지컬
映画	歌舞伎	ミュージカル
에-가	가부끼	뮤-지카루

_____은 어디서 하나요?

_____はどこでやっていますか。
와 도꼬데 얏떼 이마스까

몇 시에 시작하나요?

始まるのは何時ですか。
하지마루노와 난지데스까

몇 시에 끝나는가요?

終わるのは何時ですか。
오와루노와 난지데스까

잘 알려진 일본의 유명한 관광지는 비슷비슷한 곳이거나 사람들이 너무 많아 일본의 정취를 느끼기 힘든 것도 사실입니다. 이런 분들은 역사 박물관이나 미술관을 관람하세요. 그밖에 취미생활을 살릴 수 있는 인형, 완구 박물관이 있으며, 과학, 철도 등 이색 박물관이 곳곳에 산재해 있으므로 여행을 떠나기 전에 미리 알아두면 보다 알찬 여행을 즐길 수 있습니다.

입장은 유료인가요, 무료인가요?
入場は有料ですか、無料ですか。
뉴-죠-와 유-료-데스까, 무료-데스까

입장료는 얼마죠?
入場料はいくらですか。
뉴-죠-료-와 이꾸라데스까

단체할인은 없나요?
団体割引はありませんか。
단따이 와리비끼와 아리마셍까

이걸로 모든 전시를 볼 수 있어요?
これですべての展示が見られますか。
고레데 스베떼노 텐지가 미라레마스까

전시 팸플릿은 있어요?
展示のパンフレットはありますか。
텐지노 팡후렛토와 아리마스까

재입관할 수 있어요?
再入館できますか。
사이뉴-깐 데끼마스까

05 사진을 찍을 때

여기서 사진을 찍어도 되나요?
ここで写真を撮ってもいいですか。
고꼬데 샤싱오 돗떼모 이-데스까

당신 사진을 찍어도 될까요?
あなたの写真を撮ってもいいですか。
아나따노 샤싱오 돗떼모 이-데스까

내 사진을 찍어 줄래요?
わたしの写真を撮ってくれますか。
와따시노 샤싱오 돗떼 구레마스까

다시 한 번 부탁합니다.
もう一度お願いします。
모- 이찌도 오네가이시마스

사진을 촬영하려면 상대에게 写真を撮ってもいいですか라고 먼저 허락을 받고 찍으면 문제가 되지 않지만, 허락없이 멋대로 촬영하면 누구라도 불쾌해 할 것입니다. 요즘 여행객들은 스마트폰으로 쉽게 사진 촬영을 할 수 있기 때문에 함부로 사진을 찍는 경향이 있습니다. 관광지에서 사진을 촬영하기 전에는 금지구역인지를 알아볼 필요가 있습니다.

사진 좀 찍어 주시겠어요?

写真を撮ってもらえませんか。

샤싱오 돗떼 모라에마셍까

여기서 사진을 찍어도 될까요?

ここで写真を撮ってもいいですか。

고꼬데 샤싱오 돗떼모 이-데스까

여기에서 우리들을 찍어 주세요.

ここからわたしたちを写してください。

고꼬까라 와따시타찌오 우쯔시떼 구다사이

자, 김치.

はい、チーズ。

하이, 치-즈

여러 분, 찍을게요.

みなさん、写しますよ。

미나상, 우쯔시마스요

한 장 더 부탁할게요.

もう一枚お願いします。

모- 이찌마이 오네가이시마스

---

06 파친코에서

어떻게 구슬을 바꾸나요?

どうやって玉に替えるのですか。

도-얏떼 다마니 가에루노데스까

여기에 걸게요.

これにかけます。

고레니 가께마스

계속하겠습니다.

続けます。

쓰즈께마스

현금으로 바꿔 주세요.

現金にしてください。

겡낀니 시떼 구다사이

일본에서 파친코만큼 대중에게 사랑받고 깊은 인기를 얻고 있는 레저는 없습니다. 어려운 기술도 필요 없고 시간 제약도 없는데다가 용돈 정도로 즐길 수 있고 잘하면 경품까지 챙길 수가 있기 때문입니다. 파친코는 먼저 화려한 가게에 들어가면 정해진 기계에서 쇠구슬을 구멍에 넣어 점수를 얻는 게임으로 일본에서는 지금 이 시간에도 많은 사람들이 자리를 지키고 있습니다.

파친코에 가보지 않겠어요?

パチンコ屋へ行ってみませんか。

파칭꼬야에 잇떼 미마셍까

좋은 파친코를 소개해 주세요.

いいパチンコ屋を紹介してください。

이- 파칭꼬야오 쇼-까이시떼 구다사이

여기에 걸게요.

これにかけます。

고레니 가께마스

구슬을 돌릴게요.

玉を回します。

다마오 마와시마스

잠깐 쉴게요.

ちょっと休みます。

촛또 야스미마스

이겼어요.

勝ちました。

가찌마시다

기본
출국
숙박
외출
관광
식사
방문
쇼핑
트러블

07 클럽·바·노래방에서

몇 시에 시작됩니까?
何時に始まりますか。
난지니 하지마리마스까

무대 근처 자리로 주세요.
ステージ近くの席をお願いします。
스테-지 치카꾸노 세끼오 오네가이시마스

얼마나 듭니까?
いくらかかりますか。
이꾸라 가까리마스까

이 클럽의 쇼는 어떤 것입니까?
このクラブのショーはどのようなものですか。
고노 쿠라부노 쇼-와 도노요-나 모노데스까

일본의 노래방을 이용하는 방법은 우리와 대부분 같습니다. 입구에 제시된 요금은 이용시간에 따라 다르지만 그 금액은 1인 요금이며 여러 사람이 같이 들어갔을 때는 그 인원수에 곱하면 됩니다. 그리고 우리는 선불로 요금을 지불하지만 일본에서는 노래방 이용이 끝난 다음에 계산을 합니다. 또한 회원제로도 운영하기 때문에 카드를 만들어두면 편하게 이용할 수 있습니다.

그 나이트클럽은 손님이 많나요?

そのナイトクラブには客が多いですか。

소노 나이토쿠라부니와 캬꾸가 오-이데스까

카바레에 가서 한 잔 합시다.

キャバレーに行って一杯やりましょう。

캬바레-니 잇떼 입빠이 야리마쇼-

비어홀에 가서 맥주라도 마십시다.

ビヤホールに行ってビールでも飲みましょう。

비야호-루니 잇떼 비-루데모 노미마쇼-

노래방은 있나요?

カラオケボックスはありますか。

카라오케 복쿠스와 아리마스까

저는 한국 노래를 부르겠습니다.

わたしは韓国の歌を歌います。

와따시와 캉꼬꾸노 우따오 우따이마스

노래 선곡집을 보여 주세요.

歌のリストを見せてください。

우따노 리스토오 미세떼 구다사이

08 스포츠·레저를 즐길 때

＿＿＿＿＿을 하고 싶은데요.

私は ＿＿＿＿＿ をしたいです。
와따시와　오 시따이데스

골프
ゴルフ
고루후

서핑
サーフィン
사-휭

테니스
テニス
테니스

수영
水泳
스이에-

스키
スキー
스키-

다이빙
ダイビング
다이빙구

하루에 얼마입니까?

一日いくらですか。
이찌니찌 이꾸라데스까

용구를 빌릴 수 있나요?

用具を借りられますか。
요-구오 가리라레마스까

용구는 어디서 빌릴 수 있나요?

用具はどこで借りられますか。
요-구와 도꼬데 가리라레마스까

일본인에게 인기 있는 스포츠는 야구, 축구와 전통 씨름인 스모, 유도, 궁도 등이 있습니다. 스포츠에 관한 화제는 상대와의 공통점을 발견할 수 있는 좋은 기회로 쉽게 친해질 수 있는 계기가 됩니다. 어떤 스포츠를 하느냐고 물을 때는 どんなスポーツをやっていますか, 어떤 스포츠를 좋아하느냐고 물을 때는 どんなスポーツがお好きですか라고 하면 됩니다.

골프를 치고 싶은데요.

ゴルフをしたいのですが。

고루후오 시따이노데스가

오늘 플레이할 수 있나요?

今日、プレーできますか。

쿄-, 푸레- 데끼마스까

초보자도 괜찮습니까?

初心者でも大丈夫ですか。

쇼신샤데모 다이죠-부데스까

스키를 타고 싶은데요.

スキーをしたいのですが。

스키-오 시따이노데스가

레슨을 받고 싶은데요.

レッスンを受けたいのですが。

렛승오 우케따이노데스가

등산은 좋아하세요?

山登りは好きですか。

야마노보리와 스끼데스까

👉 관광지에서 볼 수 있는 표지

開館	개관
休館	휴관
閉館	폐관
予約席	예약석
非常口	비상구
トイレ	화장실
入場料	입장료
入場無料	입장료 무료
入口	입구
出口	출구
案内	안내
遺失物取扱所	분실물센터
関係者以外立入禁止	관계자 외 출입금지
立入禁止	출입금지
撮影禁止	촬영금지
故障	고장
注意	주의

Part 6

식사

01 식당을 찾을 때

이 근처에 추천할만한 _____ 레스토랑이 있나요?

この近くにおすすめの _____ レストランがありますか。

고노 치카꾸니 오스스메노 　　　　 레스토랑가 아리마스까

한국
韓国
캉코꾸

일본
日本
니홍

이탈리아
イタリア
이타리아

중국
中国
츄-고꾸

미국
アメリカ
아메리카

프랑스
フランス
후란스

가장 가까운 한국 레스토랑은 어디입니까?

一番近い韓国料理のレストランはどこですか。

이찌반 치까이 캉코꾸료-리노 레스토랑와 도꼬데스까

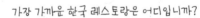

요즘은 맛집을 검색해서 스마트폰 지도를 통해 직접 찾아가서 음식의 맛을 즐기는 경우가 대부분입니다. 일본요리를 맛볼 수 있는 곳은 고급 레스토랑에서 저렴한 대중음식점에 이르기까지 다양하며, 일본의 대중식당의 경우 보통 바깥 쇼윈도우에 모형음식이 전시되어 있습니다. 일본요리는 우리와 거의 비슷한 재료를 사용해서 요리를 하지만, 대체로 맛이 달고 싱겁습니다.

괜찮은 식당 좀 소개해 주시겠어요?

いいレストランを紹介していただけますか。

이- 레스토랑오 쇼-까이시떼 이따다께마스까

별로 안 비싼 식당이 좋겠어요.

あまり高くないレストランがいいです。

아마리 다카꾸나이 레스토랑가 이-데스

이 주변에 한식점은 있나요?

この辺りに韓国料理の店はありますか。

고노 아따리니 캉코꾸료-리노 미세와 아리마스까

식당이 많은 곳은 어느 주변인가요?

レストランの多いのはどの辺りですか。

레스토란노 오-이노와 도노 아따리데스까

이 시간에 문을 연 식당은 있나요?

この時間開いているレストランはありますか。

고노 지깡 아이떼 이루 레스토랑와 아리마스까

우동집은 어디에 있는지 아세요?

うどん屋はどこにあるかご存じですか。

우동야와 도꼬니 아루까 고존지데스까

139

02 식당을 예약할 때

예약해주세요.
予約してください。
요야꾸시떼 구다사이

나는 _____ 입니다. 7시에 2사람입니다.
わたしは_____です。7時に2人です。
와따시와 _____ 데스 시찌지니 후따리데스

창가쪽 조용한 테이블로 주세요.
窓際の静かなテーブルをお願いします。
마도기와노 시즈까나 테-부루오 오네가이시마스

가게는 어디에 있습니까?
店はどこですか。
미세와 도꼬데스까

맛있는 먹거리는 빠뜨릴 수 없는 멋진 여행의 하나입니다. 간편하게 식사를 할 때는 숙박처에서 가까운 곳에 있는 식당을 찾아 들어가면 됩니다. 그러나 맛집으로 소문난 식당이나 대형 레스토랑 같은 곳은 항상 많은 사람들로 붐비므로 미리 예약을 하고 찾아가는 것이 아까운 시간을 버리지 않고 먹거리 여행을 할 수 있는 좋은 방법입니다.

예약이 필요한가요?
予約が必要ですか。
요야꾸가 히쯔요-데스까

예약하지 않아도 식사할 수 있나요?
予約しなくても食事できますか。
요야꾸시나꾸떼모 쇼꾸지 데끼마스까

몇 분이십니까?
何人さまですか。
난닌사마데스까

오늘 예약을 내일로 변경할 수 있나요?
今日の予約をあしたに変更できますか。
쿄-노 요야꾸오 아시따니 헹꼬-데끼마스까

예약을 확인할 수 있나요?
予約の確認ができますか。
요야꾸노 카꾸닝가 데끼마스까

예약을 취소하고 싶은데요.
予約をキャンセルしたいんですが。
요야꾸오 캰세루시따인데스가

141

예약한 _____ 입니다.

予約している _____ です。
요야꾸시떼이루 데스

예약을 안 했는데, 테이블은 있나요?

予約していないのですが、テーブルは
ありますか。
요야꾸시떼 이나이노데스가, 테-부루와 아리마스까

몇 분 정도 기다려야 하나요?

何分くらい待ちますか。
남뿡구라이 마찌마스까

여행 중에 찾아오는 공복을 해결하기 위해 원하는 식당을 찾아갔는데 자리가
다 찼거나 줄을 서서 기다리는 상황이라면 입구에서 기다렸다 종업원의 안내
에 따라 자리에 앉으면 됩니다. 그렇지 않은 식당이라면 일단 들어가서 자리에
앉습니다. 참고로 일본은 입구 쪽에 비치된 식권판매기에서 식권을 구입해서
점원에게 전달해야 준문이 들어가는 식당이 많습니다.

모르면 대략난감 **Best Expressions**

어서 오십시오. 몇 분이십니까?

いらっしゃいませ。何人さまですか。
이랏샤이마세. 난닌사마데스까

3명이 앉을 자리는 있나요?

3人の席はありますか。
산닌노 세끼와 아리마스까

창가 자리로 주세요.

窓際の席をお願いします。
마도기와노 세끼오 오네가이시마스

구석 자리가 좋겠는데요.

隅の席がいいんですが。
스미노 세끼가 이인데스가

안내해 드릴 때까지 기다려 주십시오.

ご案内するまでお待ちください。
고안나이스루마데 오마찌 쿠다사이

얼마나 기다려야 하죠?

どのくらい待たなければいけませんか。
도노 쿠라이 마따나께레바 이께마셍까

---

04 주문할 때

오늘 특별요리는 무엇인가요?
今日の特別料理は何ですか。
쿄-노 토꾸베쯔 료-리와 난데스까

어느 게 추천요리인가요?
どれがおすすめですか。
도레가 오스스메데스까

금방 됩니까?
すぐできますか。
스구 데끼마스까

이걸로 하겠습니다.
これにします。
고레니 시마스

(메뉴를 가리키며) 이것과 이것을 주세요.
これとこれをください。
고레또 고레오 구다사이

말이 잘 통하지 않더라도 대부분의 식당이 메뉴와 함께 그 요리에 관한 사진이 있으므로 메뉴를 보면 그 요리 내용을 대충 알 수 있습니다. 메뉴를 보고 싶을 때는 종업원에게 メニューを見せてくれますか라고 합니다. 주문할 요리가 정해지면 메뉴를 가리키며 これをください라고 하면 일본어를 모르더라도 종업원은 금방 알아차리고 요리 주문을 받을 수 있습니다.

메뉴를 보여 주세요.

メニューを見せてください。

메뉴-오 미세떼 구다사이

한국어 메뉴는 있나요?

韓国語のメニューはありますか。

캉코꾸고노 메뉴-와 아리마스까

주문받으세요.

注文をしたいのですが。

츄-몽오 시따이노데스가

이것과 이것을 주세요.

これとこれをお願いします。

고레또 고레오 오네가이시마스

나도 같은 걸로 주세요.

わたしにも同じ物をお願いします。

와따시니모 오나지모노오 오네가이시마스

저것과 같은 요리를 주세요.

あれと同じ料理をください。

아레또 오나지 료-리오 구다사이

---

05 식당에서의 트러블

주문한 게 아직 안 나왔습니다.
注文したものがまだ来ません。
츄-몬시따 모노가 마다 기마셍

주문을 취소하고 싶은데요.
注文を取り消したいのですが。
츄-몽오 도리께시따이노데스가

주문을 바꿔도 되겠습니까?
注文を替えてもいいですか。
츄-몽오 가에떼모 이-데스까

이건 주문하지 않았는데요.
これは注文していないのですが。
고레와 츄-몬시떼 이나이노데스가

많은 사람들로 식당이 붐빌 때는 가끔 종업원들로 헷갈리는 경우가 있습니다. 예를 들어 한참 기다려도 요리가 나오지 않을 때는 注文したものがまだこ ないのですが라고 해보십시오. 또한 주문한 요리와 다른 요리가 나왔을 경우 에는 注文したものとちがいます, 주문하지 않은 음식이 나왔을 때는 これ は注文していませんが라고 말하면 됩니다.

좀 더 조용한 자리로 바꿔 주시겠어요?

もっと静かな席に替えてもらえませんか。

못또 시즈까나 세끼니 가에떼 모라에마셍까

이 요리에 머리카락이 들어 있어요.

この料理に髪の毛が入ってますよ。

고노 료-리니 가미노께가 하잇떼 마스요

약간 덜 익은 것 같은데요.

ちょっと火が通ってないようですが。

촛또 히가 도옷떼 나이 요-데스가

이 스테이크는 너무 구웠네요.

このステーキは焼きすぎです。

고노 스테-키와 야끼스기데스

글라스가 더럽네요. 바꿔주세요.

グラスが汚れています。取り替えてください。

그라스가 요고레떼 이마스. 도리까에떼 구다사이

너무 많아서 다 먹을 수 없습니다.

ちょっと多すぎて食べられません。

촛또 오-스기떼 다베라레마셍

147

06 식사를 하면서

밥을 하나 더 주세요.
ご飯をおかわりどうぞ。
고항오 오까와리 도-조

다른 건 없나요?
ほかに何かご用は?
호까니 나니까 고요-와

없습니다. 고마워요.
ありません。ありがとう。
아리마셍 아리가또-

어떻습니까?
いかがですか。
이까가데스까

좋습니다. 고마워요.
結構です。ありがとう。
겍꼬-데스. 아리가또-

일본 식당에서는 식사할 때 숟가락을 쓰지 않습니다. 특히 국은 그릇을 왼손으로 들고, 오른손 젓가락으로 가볍게 저어가며 마시며, 된장국이나 우동 등의 국물을 먹을 때 약간 소리를 내어서 먹는 것이 어느 정도 허용됩니다. 종업원의 도움이 필요할 때는 すみません이라는 말로 부르면 됩니다. 또한 추가로 요리를 부탁할 때는 ~のおかわりをください라고 합니다.

간장을 갖다 주세요.
醤油を取ってください。
쇼-유오 돗떼 구다사이

밥 하나 더 주세요.
ご飯のおかわりをください。
고한노 오까와리오 구다사이

좀더 구워 주세요.
もう少し焼いてください。
모- 스꼬시 야이떼 구다사이

테이블을 치워 주세요.
テーブルを片付けてください。
테-부루오 가따즈케떼 구다사이

이 요리는 먹지 않았습니다.
この料理は食べていません。
고노 료-리와 다베떼 이마셍

가져가도 됩니까?
持ち帰ってもいいですか。
모찌카엣떼모 이-데스까

---

07 음식맛의 표현

맛이 어떻습니까?
味はいかがですか。
아지와 이까가데스까

아주 맛있는데요.
とてもおいしいですね。
도떼모 오이시-데스네

음식맛을 물을 때는 味はどうですか라고 합니다. 만약 음식이 맛있다면 お
いしいです라고 하며, 남자들은 보통 うまいです라고 합니다. 반대로 맛이
없을 때는 まずいです나 부정표현인 おいしくないです라고 하면 됩니다.
또한 나온 음식이 입맛에 맞을 때는 口(くち)にあいます, 입맛에 맞이 않을
때는 口にあわないです라고 말하면 됩니다.

이거 정말 맛있군요.

これ、とてもおいしいですね。

고레, 도떼모 오이시-데스네

맛이 없군요.

まずいですね。

마즈이데스네

이 된장국은 짜군요.

この味噌汁はしょっぱいですね。

고노 미소시루와 숍빠이데스네

너무 달군요.

甘すぎますね。

아마스기마스네

이건 좀 맵군요.

これはちょっと辛いですね。

고레와 촛또 카라이데스네

이건 별로 입에 맞지 않군요.

これはあまり口に合わないですね。

고레와 아마리 구찌니 아와나이데스네

기본
출국
숙박
외출
관광
식사
방문
쇼핑
트러블

08 식당에서의 계산

매우 맛있었습니다.
ごちそうさま。おいしかったです。
고찌소-사마. 오이시깟따데스

어디서 지불하나요?
どこで払えますか。
도꼬데 하라에마스까

따로따로 지불하고 싶은데요.
別々に払いたいのですが。
베쯔베쯔니 하라이따이노데스가

제가 모두 내겠습니다.
わたしがまとめて払います。
와따시가 마또메떼 하라이마스

드디어 식사가 끝나면 손을 들어서 すみません이라고 종업원을 불러 お勘定をお願いします라고 계산서를 부탁하거나, 자리에서 지불이 가능한지를 물을 때는 ここで払えますか라고 합니다. 또한 자신이 전부 계산할 때는 わたしがまとめて払います, 신용카드로 계산을 하고 싶을 때는 クレジットカードで支払えますか라고 물으면 됩니다.

계산해주세요.
お勘定をお願いします。
오칸죠-오 오네가이시마스

여기서 계산하나요?
ここで払えますか。
고꼬데 하라에마스까

계산을 따로따로 하고 싶은데요.
勘定を別々に払いたいんですが。
간죠-오 베쯔베쯔니 하라이따인데스가

제가 전부 내겠습니다.
わたしがまとめて払います。
와따시가 마또메떼 하라이마스

여기는 선불인가요?
ここは前払いですか。
고꼬와 마에바라이데스까

이 요금은 멉니까?
この料金は何ですか。
고노 료-낑와 난데스까

_____을 주세요.
_____をください。
오 구다사이

▷ 마실 것

와인
ワイン
와잉

위스키
ウイスキー
우이스키

칵테일
カクテル
카쿠테루

니혼슈
日本酒
니혼슈

물을 섞은 위스키
ウイスキーの水割
우이스키-노 미즈와리

소주
焼酎
쇼-쮸-

생맥주
生ビール
나마비-루

일본인은 맥주(ビ-ル), 청주(日本酒), 소주(焼酎), 위스키(ウイスキー), 와인(ワイン), 칵테일(カクテル) 등 여러 가지 술을 마십니다. 소비량이 가장 많은 것은 맥주로 전체 주류의 70%를 차지합니다. 술집은 클럽(クラブ), 바(バー), 스낵바(スナックバー), 팝(パブ), 선술집(いざかや), 카페 바(カフェバー), 비어홀(ビアホール) 등이 있습니다.

모르면 대략난감 **Best Expressions**

커피를 마실까요?

コーヒーを飲みましょうか。

코-히-오 노미마쇼-까

어디서 한 잔 할까요?

どこかで一杯やりましょうか。

도꼬까데 입빠이 야리마쇼-까

건배!

乾杯!

감빠이

술이 상당히 세 보이네요.

お酒がなかなか強そうですね。

오사께가 나까나까 쓰요소-데스네

저는 별로 못 마셔요.

わたしはあまり飲めないんですよ。

와따시와 아마리 노메나인데스요

잠깐 술을 깰게요.

ちょっと酔いをさますよ。

촛또 요이오 사마스요

155

10 패스트푸드점에서

햄버거
ハンバーガー
함바-가

핫도그
ホットドッグ
홋토독구

피자
ピザ
피자

프라이드 포테이토
フライド ポテト
후라이도 포테토

프라이드치킨
フライド チキン
후라이도 치킹

도넛
ドーナツ
도-나츠

아이스크림
アイスクリーム
아이스쿠리-무

비스킷
ビスケット
비스켓토

샐러드
サラダ
사라다

샌드위치
サンドイッチ
산도잇치

패스트푸드점은 레스토랑보다 훨씬 가볍게 이용할 수 있어서 시간에 쫓기는
사람들에게는 간단하게 배를 채울 수 있어서 딱 좋습니다. 시간이 많아도 그
자리에서 만들어 주는 샌드위치나 핫도그, 포테이토칩 등을 좋아해서 굳이 찾
아가서 먹는 사람도 있지만요. 거기서 먹을 때는 ここで食べます라고 하고,
포장해 달라고 할 때는 持って帰ります라고 하면 됩니다.

햄버거 두 개 주세요.

ハンバーガー二つください。

함바-가- 후따쯔 구다사이

어느 사이즈로 하겠어요?

どのサイズにしますか。

도노 사이즈니 시마스까

이 샌드위치가 맛있어 보이네요.

このサンドイッチがおいしそうですね。

고노 산도잇치가 오이시소-데스네

콜라 사이즈는 어떻게 할래요?

コーラのサイズはどうしますか。

코-라노 사이즈와 도- 시마스까

여기서 먹을 겁니다.

ここで食べます。

고꼬데 다베마스

가져갑니다.

持って帰ります。

못떼 가에리마스

157

▷ 테이블 세팅

소금
しお
시오

후추
こしょう
코쇼-

설탕
さとう
사또-

간장
しょうゆ
쇼-유

컵
コップ
콥뿌

젓가락
はし
하시

숟가락
さじ
사지

포크
フォーク
훠-쿠

냅킨
ナプキン
나푸킹

받침대
取り皿
도리자라

나이프
ナイフ
나이후

스푼
スプーン
스푸-ㄴ

▷ 음료

콜라
コーラ
코-라

오렌지주스
オレンジジュース
오렌지쥬-스

적포도주
赤ワイン
아까와잉

백포도주
白ワイン
시로와잉

▷ 전채

새우칵테일
エビカクテル
에비카쿠테루

햄
ハム
하무

멸치
カタクチイワシ
카타쿠치이와시

훈제연어
スモークサーモン
스모-쿠사-몽

▷ 수프

크림수프
クリームスープ
쿠리-무스-푸

일일 수프
日替わりスープ
히가와리스-푸

양파수프
オニオンスープ
오니온스-푸

콘소메
コンソメ
콘소메

▷ 빵

자른 빵
スライスしたパン
스라이스시따 팡

롤빵
ロールパン
로-루팡

라이스
ごはん
고항

▷ 재료

소고기
牛肉
규-니꾸

바닷가재
ロブスター
로부스타-

송아지 고기
仔牛肉
고우시니꾸

닭고기
鶏肉
도리니구

돼지고지
豚肉
부따니꾸

양고기
羊肉
히쓰지니꾸

오리고기
鴨肉
카모니꾸

작은 새우
エビ
에비

연어
さけ
사께

대합조개
ハマグリ
하마구리

혀가자미
舌平目
시따히라메

게
カニ
카니

넙치
平目
히라메

굴
カキ
카끼

야채
野菜
야사이

버섯
キノコ
기노꼬

160

▷ 요리법

삭다
ゆでる
유데루

튀기다
揚げる
아게루

찌다
蒸す
무스

(빵을) 굽다
焼く
야꾸

직화구이
直火焼き
쪽까야끼

오븐으로 굽다
オーブンで焼く
오-븐데 야꾸

살짝 지지다
ソテー
소테-

삶다
煮る
니루

푹 끓이다
煮込む
니꼬무

속을 채우다
詰める
쓰메루

훈제하다
燻製にする
쿤세-니 스루

얇게 자르다
薄切りにする
우스기리니 스루

식히다
冷やす
히야스

▷ 샐러드

야채샐러드
野菜サラダ
야사이사라다

주방장 샐러드
シェフサラダ
세후사라다

버무린 샐러드
和えたサラダ
아에따 사라다

해산물 샐러드
魚介類サラダ
교까이루이사라다

프렌치 드레싱
**フレンチ
ドレッシング**
후렌치 도렛싱구

이탈리아 드래싱
**イタリアン
ドレッシング**
이타리안 도렛싱구

블루치즈 드레싱
**ブルーチーズ
ドレッシング**
부루-치-즈 도렛싱구

싸우전드 아일랜드 드레싱
**サウザンドアイランド
ドレッシング**
사우잔도 아이란도 도렛싱구

▷ 디저트

아이스크림
アイスクリーム
아이스쿠리-무

케이크
ケーキ
케-키

젤리
ゼリー
제리-

셔벗
シャーベット
샤-벳토

과일
果物
구다모노

푸딩
プリン
푸링

▷ **일본요리**

주먹밥
おにぎり
오니기리

덮밥
どんぶり
돔부리

소고기덮밥
牛丼
규동

튀김덮밥
天丼
텐동

초밥
寿司
스시

김밥
海苔巻き
노리마끼

달걀말이
卵焼き
다마고야끼

우동
うどん
우동

메밀국수
蕎麦
소바

라면
ラーメン
라멩

오코노미야키
お好み焼き
오꼬노미야끼

다코야키
たこ焼き
다꼬야끼

튀김
天ぷら
템뿌라

샤부샤부
しゃぶしゃぶ
샤부샤부

전골
すき焼き
스끼야끼

오차즈케
お茶漬け
오챠즈께

☞ 일본요리의 종류

なべもの(鍋物)	냄비요리
すし(寿司)	초밥
てんぷら(天婦羅)	튀김
おでん(御田)	어묵
さしみ(刺身)	회
うどん(饂飩)	우동
そば(蕎麦)	메밀국수
すいもの(吸い物)	국
やきもの(焼き物)	구이
にもの(煮物)	조림
すのもの(酢の物)	초무침
つけもの(漬物)	절임
つきだし(突き出し)	곁들인 안주
やきにく(焼き肉)	불고기
あえもの(和え物)	무침요리
やきとり(焼き鳥)	꼬치구이
べんとう(弁当)	도시락
カレ	카레
トンカツ(豚カツ)	돈가스
なっとう(納豆)	청국장 종류

Part 7

방문

01 전화를 걸 때

여보세요. 요시다 씨이죠?
もしもし。吉田さんですか。
모시모시. 요시다산데스까

네, 전데요.
はい、そうですが。
하이, 소-데스가

전화를 걸 때는 반드시 もしもし、○○ですが、○○さんをお願いします
(여보세요, ○○입니다만, ○○씨 부탁드립니다)라고 먼저 자신의 신분이나
소속단체를 밝히고 전화 통화할 상대를 부탁합니다. 상대가 직접 받을 때는
もしもし、そちらは ○○さんでしょうか(여보세요, ○○이시죠?)라고 확
인하면 됩니다.

모르면 대략난감 **Best Expressions**

기본 / 출국 / 숙박 / 외출 / 관광 / 식사 / 방문 / 쇼핑 / 트러블

여보세요. 한국에서 온 김인데요.

もしもし。韓国から来たキムですが。

모시모시. 캉코꾸까라 기따 김데스가

여보세요. 요시다 씨 댁이죠?

もしもし、吉田さんのお宅ですか。

모시모시, 요시다산노 오따꾸데스까

나카무라 씨와 통화하고 싶은데요.

中村さんと話したいんですが。

나까무라산또 하나시따인데스가

여보세요. 스즈키 씨 좀 바꿔주세요.

もしもし、鈴木さんをお願いします。

모시모시, 스즈끼상오 오네가이시마스

여보세요, 그쪽은 다나카 씨이세요?

もしもし、そちらは田中さんでしょうか。

모시모시, 소찌라와 다나까산데쇼-까

요시노 선생님은 계세요?

吉野先生はいらっしゃいますか。

요시노 센세-와 이랏샤이마스까

167

02 전화를 받을 때

지금 다른 전화를 받고 있는데요.
いま、ほかの電話に出ておりますが。
이마, 호까노 뎅와니 데떼 오리마스가

아, 그래요? 나중에 다시 걸게요.
あ、そうですか。後でかけ直します。
아, 소-데스까. 아또데 가께나오시마스

전화를 받을 때는 どちらさまでしょうか(누구시죠?)라고 상대를 확인하거
나, もしもし、○○でございますが(여보세요, ○○입니다만)라고 자신의
이름이나 회사의 이름 등을 밝혀 상대가 확인하는 수고를 덜어주는 것도 전화
에티켓의 하나입니다. 전화 상대를 바꿔줄 때는 ちょっとお待ちください
(잠깐 기다려 주십시오)라고 합니다.

네, 전데요.

はい、わたしですが。

하이, 와따시데스가

누구시죠?

どちらさまでしょうか。

도찌라사마데쇼-까

잠시 기다려 주십시오.

少々お待ちください。

쇼-쇼- 오마찌 구다사이

곧 요시무라 씨를 바꿔드릴게요.

ただいま吉村さんと代わります。

다다이마 요시무라산또 가와리마스

여보세요, 전화 바꿨습니다.

もしもし、お電話代わりました。

모시모시, 오뎅와 가와리마시다

지금 다른 전화를 받고 있는데요.

いま、ほかの電話に出ていますが。

이마, 호까노 뎅와니 데떼 이마스가

03 약속할 때

저와 함께 점심을 하실까요?

わたしと昼食をいっしょにいかがですか。

와따시또 츄-쇼꾸오 잇쇼니 이까가데스까

오늘은 곤란한데, 내일은 어때요?

今日はまずいですけど、あしたはどうですか。

쿄-와 마즈이데스께도, 아시따와 도-데스까

상대와의 약속은 매우 중요합니다. 곧 그것은 그 사람의 신용과 직결되기 때문입니다. 약속을 제의할 때는 상대의 사정을 묻는 것부터 시작합니다. 우리말의 '약속을 지키다'는 約束をまもる라고 하며, '약속을 어기다(깨다)'라고 할 때는 約束をやぶる라고 합니다. 경우에 따라서 약속을 취소할 때는 本当にすみません, お約束が果たせません이라고 하면 됩니다.

몇 시까지 시간이 비어 있나요?

何時まで時間があいてますか。

난지마데 지깡가 아이떼마스까

약속 장소는 그쪽에서 정하세요.

約束の場所はそちらで決めてください。

약소꾸노 바쇼와 소찌라데 기메떼 구다사이

좋아요. 그 때 만나요.

いいですよ。そのときに会いましょう。

이-데스요. 소노 도끼니 아이마쇼-

미안한데, 오늘은 안 되겠어요.

残念ながら、今日はだめなんです。

잔넨나가라, 쿄-와 다메난데스

그 날은 아쉽게도 약속이 있어요.

その日は、あいにくと約束があります。

소노 히와, 아이니꾸또 약소꾸가 아리마스

급한 일이 생겨서 갈 수 없네요.

急用ができて行けません。

큐-요-가 데끼떼 이께마셍

171

04 초대할 때

오늘밤, 우리 집에 식사하러 안 올래요?
今晩、うちに食事に来ませんか。
곰방, 우찌니 쇼꾸지니 기마셍까

좋지요.
いいですねえ。
이-데스네-

아무리 친한 친구라 하더라도 집으로 초대하지 않는다는 일본인도 많습니다. 이것은 집이 좁기 때문이기도 하지만 대개 자기 집안을 남에게 보이는 것을 꺼리기 때문입니다. 그러므로 일본인 집에 초대받는 것은 관계가 상당히 깊어졌다고 볼 수 있습니다. 자신의 집으로 초대할 때는 いつか遊びに来てください(언제 한번 놀러 오세요)라고 말해보세요.

우리 집에 식사하러 안 올래요?

うちに食事に来ませんか。

우찌니 쇼꾸지니 기마셍까

오늘밤 나와 식사는 어때요?

今晩、わたしと食事はどうですか。

곰방, 와따시또 쇼꾸지와 도-데스까

언제 한번 식사라도 하시지요.

そのうち食事でもいたしましょうね。

소노우찌 쇼꾸지데모 이따시마쇼-네

언제 한번 놀러 오세요.

いつか遊びに来てください。

이쯔까 아소비니 기떼 구다사이

가족 모두 함께 오십시오.

ご家族そろってお越しください。

고카조꾸 소롯떼 오꼬시 구다사이

아무런 부담 갖지 말고 오십시오.

どうぞお気軽にいらしてください。

도-조 오키가루니 이라시떼 구다사이

173

05 초대에 응답할 때

생일 파티에 와요.

誕生パーティーに来てね。
たんじょう　き

탄죠- 파-티-니 기떼네

당근이죠. 초대해 줘서 고마워요.

もちろん。招いてくれてありがとう。
まね

모찌롱. 마네이떼 구레떼 아리가또

초대를 제의받았을 때 기꺼이 승낙을 표현하고자 할 때는 よろこんで, もち
ろん, きっと 등의 부사어를 사용하고 뒤에 招いてくれてありがとう처럼
초대에 대한 고마움을 확실히 표현해보도록 합시다. 모처럼의 초대를 거절할
때는 상대방이 기분이 나쁘지 않도록 우선 사죄를 하고 응할 수 없는 사정을
적절하게 표현할 수 있어야 합니다.

기꺼이 갈게요.

よろこんでうかがいます。

요로꼰데 우까가이마스

꼭 갈게요.

きっと行きます。

깃또 이끼마스

초대해 줘서 고마워요.

招いてくれてありがとう。

마네이떼 구레떼 아리가또-

아쉽지만 갈 수 없어요.

残念ながら行けません。

잔넨나가라 이께마셍

그 날은 갈 수 없을 것 같은데요.

その日は行けないようですが。

소노 히와 이께나이 요-데스가

그 날은 선약이 있어서요.

その日は先約がありますので。

소노 히와 셍야꾸가 아리마스노데

---

06 방문할 때

이거 변변치 않지만, 받으십시오.
これ、つまらないものですが、どうぞ。
고레, 쓰마라나이 모노데스가, 도-조

고마워요. 이런 것 하지 않으셔도 되는데.
どうも、こんなことなさらなくてもいいのに。
도-모, 곤나 고또 나사라나꾸떼모 이-노니

집을 방문할 때는 ごめんください(실례합니다)라고 집안에 있는 사람을 부른 다음 집에서 사람이 나올 때까지 대문이나 현관에서 기다립니다. 주인이 どちらさまですか라면서 나오면, こんにちは、今日はお招(まね)きくださってありがとうございます、お世話(せわ)になります 등의 인사말하고 상대의 안내에 따라 집안으로 들어서면 됩니다.

요시무라 씨 댁이 맞습니까?

吉村さんのお宅はこちらでしょうか。

요시무라산노 오따꾸와 고찌라데쇼-까

스즈키 씨는 댁에 계십니까?

鈴木さんはご在宅ですか。

스즈끼상와 고자이따꾸데스까

5시에 약속을 했는데요.

5時に約束してありますが。

고지니 약소꾸시떼 아리마스가

좀 일찍 왔나요?

ちょっと来るのが早すぎましたか。

촛또 구루노가 하야스기마시다까

늦어서 죄송해요.

遅くなってすみません。

오소꾸낫떼 스미마셍

이거 변변치 않지만, 받으십시오.

これ、つまらないものですが、どうぞ。

고레, 쓰마라나이 모노데스가, 도-조

07 방문객을 맞이할 때

잘 오셨습니다. 반갑습니다.

よく来てくれました。うれしいです。

요꾸 기떼 구레마시다. 우레시-데스

초대해 주셔서 고맙습니다.

お招きくださってありがとう。

오마네끼 구다삿떼 아리가또-

먼저 손님이 찾아오면 いらっしゃいませ, どうぞ라고 맞이한 다음 どうぞ
お入(はい)りください라고 하며 집안으로 안내를 합니다. 방문한 사람이 집
안으로 들어오면 우선 마음을 편하게 하는 것이 무엇보다 중요합니다. 이럴 때
주인은 どうぞくつろいでください나 どうぞお楽(らく)라고 하며 손님
을 편하게 해주는 것이 손님에 대한 첫번째 배려입니다.

잘 오셨습니다.

ようこそいらっしゃいました。

요-꼬소 이랏샤이마시다

자 들어오십시오.

どうぞお入りください。

도-조 오하이리 구다사이

이쪽으로 오십시오.

こちらへどうぞ。

고찌라에 도-조

집안을 안내해드릴까요?

家の中をご案内しましょうか。

이에노 나까오 고안나이시마쇼-까

이쪽으로 앉으십시오.

こちらへおかけください。

고찌라에 오카께 구다사이

자 편히 하십시오.

どうぞくつろいでください。

도-조 구쓰로이데 구다사이

자 어서, 마음껏 드세요.
さあ、どうぞ、ご自由に食べてください。
사-, 도-, 고지유-니 다베떼 구다사이

네, 잘 먹겠습니다.
はい、いただきます。
하이, 이따다끼마스

どうぞ는 우리말의 '부디, 아무쪼록'에 해당하며, 또한 남에게 권유할 때나 허락할 때도 쓰이는 아주 편리한 말입니다. 안내한 곳까지 손님이 들어오면 なにかのみものはいかがですか로 마실 것을 권유한 다음 식사를 합니다. 음식을 먹기 전에는 いただきます, 음식을 먹고 나서는 ごちそうさま 등의 식사와 음식 표현에 관한 기본적인 것을 익혀둡시다.

잘 먹겠습니다.

いただきます。

이따다끼마스

이 음식, 맛 좀 보세요.

この料理、味見してください。

고노 료-리, 아지미시떼 구다사이

벌써 많이 먹었어요.

もう十分いただきました。

모- 쥬-붕 이따다끼마시다

잘 먹었습니다.

ごちそうさまでした。

고찌소-사마데시다

요리를 잘하시는군요.

お料理が上手ですね。

오료-리가 죠-즈데스네

정말로 맛있었어요.

ほんとうにおいしかったです。

혼또-니 오이시깟따데스

181

09 방문을 마칠 때

> 벌써 가시게요?
> もうお帰(かえ)りですか。
> 모- 오까에리데스까

> 이제 슬슬 가볼게요.
> そろそろおいとまします。
> 소로소로 오이또마시마스

おじゃまします(실례합니다)는 남의 집을 방문했을 경우에 하는 인사말로, 대접을 받고 나올 때는 おじゃましました(실례했습니다)라고 말합니다. 손님이 자리를 뜨려고 하면 일단 만류하는 것이 우리와 마찬가지로 일본에서도 예의입니다. 그렇다고 마냥 눈치 없이 앉아 있는 것도 폐가 되므로 초대에 대한 감사 표시를 한 다음 자리에서 일어나도록 합시다.

이제 그만 가볼게요.

そろそろおいとまします。

소로소로 오이또마시마스

오늘은 만나서 즐거웠어요.

今日は会えてうれしかったです。

쿄-와 아에떼 우레시깟따데스

저희 집에도 꼭 오세요.

わたしのほうにもぜひ来てください。

와따시노 호-니모 제히 기떼 구다사이

정말로 즐거웠어요.

ほんとうに楽しかったです。

혼또-니 다노시깟따데스

저녁을 잘 먹었습니다.

夕食をごちそうさまでした。

유-쇼꾸오 고찌소-사마데시다

또 오세요.

また来てくださいね。

마따 기떼 구다사이네

👉 일본 여행이 즐거워지는 딱 세 마디

どうも 도-오

どうも라는 말 한 마디만 알고 있으면 다른 말은 몰라도 일본에서의 생활이 가능할 정도입니다. どうも는 본래 부사어로 우리말의 '매우, 무척'에 해당하는 말인데, 감사의 뜻을 표할 때도 どうも…, 사과할 때도 どうも…라고 합니다. 뒤에 ありがとうございます(감사합니다), すみません(미안합니다) 등을 생략하여 간편하게 どうも만으로 표현합니다. どうも, どうも라고 반복해서 말하면 '정말로 고마워요' 또는 '정말로 미안해요'라는 뜻이 됩니다.

すみません 스미마셍

일본어의 すみません(미안합니다/죄송합니다)은, 영어의 I'm sorry, Excuse me에 해당하며 사죄를 할 때 씁니다. 일본인은 일상의 대화 속에서 매우 빈번히 이것을 사용합니다. 아마 영어 이상으로 자주 쓸 것입니다. 남에게 폐를 끼치고 사죄하거나 감사하거나 하는 데 すみません을 쓸 때에 どうも를 덧붙이는 경우가 있습니다. 또한 식당 종업원이나 모르는 사람을 부를 때도 역시 すみません!이라고 하면 됩니다.

おねがいします 오네가이시마스

남에게 부탁할 때 흔히 쓰는 표현이 おねがいします입니다. 이것은 자신의 의뢰 사항을 상대에게 알린 후에 사용하는 표현으로, 예를 들면 '문을 열어주세요. 부탁드립니다'처럼 씁니다. 이처럼 말함으로써 '문을 열어주세요'라고만 말한 것에 비해 정중한 표현이 됩니다. 때로는 힘껏 해주도록 하는 희망을 상대에게 나타낼 때는 よろしく(잘)를 붙여서 말합니다.

Part 8

쇼핑

쇼핑센터는 어디에 있습니까?
ショッピングセンターはどこにありますか。
숍핑구 센타-와 도꼬니 아리마스까

이 도시의 쇼핑가는 어디에 있나요?
この町のショッピング街はどこですか。
고노 마찌노 숍핑구가이와 도꼬데스까

쇼핑 가이드는 있나요?
ショッピングガイドはありますか。
숍핑구 가이도와 아리마스까

일본여행의 선물로 인기가 있는 품목은 카메라, 비디오카메라, 시계 등의 정밀기기와 기모노, 진주, 도자기, 죽공예품, 판화, 골동품 등의 전통공예품을 들 수 있습니다. 이러한 품목들은 각지의 전문점은 물론, 백화점에서도 쉽게 구입할 수 있습니다. 여행에서 쇼핑도 빼놓을 수 없는 즐거움의 하나입니다. 꼭 필요한 품목은 미리 계획을 충동구매를 피하도록 합시다.

쇼핑가는 어디에 있나요?

ショッピング街はどこですか。

숍핑구가이와 도꼬데스까

면세점은 어디에 있나요?

免税店はどこにありますか。

멘제-뗑와 도꼬니 아리마스까

이 주변에 백화점은 있나요?

このあたりにデパートはありますか。

고노 아따리니 데파-토와 아리마스까

그건 어디서 살 수 있나요?

それはどこで買えますか。

소레와 도꼬데 가에마스까

그 가게는 오늘 문을 열었나요?

その店は今日開いていますか。

소노 미세와 쿄- 아이떼 이마스까

몇 시까지 하나요?

何時まで開いていますか。

난지마데 아이떼 이마스까

---

02 쇼핑몰에서

계단
階段
가이당

점원
店員
뎅잉

안내원
案内係
안나이가까리

계산대
レジ(会計)
레지(카이께-)

진열장
ショーケース
쇼-케-스

에스컬레이터
エスカレーター
에스카레-타-

엘리베이터
エレベーター
에레베-타-

백화점은 가격이 좀 비싸지만 가장 안전하고 좋은 물건을 구입할 수 있는 곳입니다. 또한 저렴하게 좋은 물건을 구입할 수 있는 곳으로는 국제공항의 출국 대합실에 免税店(Duty Free)이라는 간판을 내걸고 술, 향수, 보석, 담배 등을 파는 면세점이 있습니다. 나라나 도시에 따라서는 시내에도 공인 면세점이 있어 해외여행자의 인기를 모으고 있습니다.

이 근처에 슈퍼는 있나요?

この近くにスーパーはありますか。

고노 치까꾸니 스-파-와 아리마스까

가공식품 코너는 어딘가요?

加工食品のコーナーはどこですか。

가꼬-쇼꾸힌노 코-나-와 도꼬데스까

매장 안내는 있나요?

売場案内はありますか。

우리바 안나이와 아리마스까

엘리베이터는 어디에 있나요?

エレベーターはどこですか。

에레베-타-와 도꼬데스까

이것에는 보증이 붙어있나요?

これには保証が付いてますか。

고레니와 호쇼-가 쓰이떼 마스까

지금 주문하면 곧 받을 수 있나요?

いま注文すれば、すぐ手に入りますか。

이마 츄-몬스레바, 스구 데니 하이리마스까

---

03 물건을 찾을 때

무얼 찾으세요?
何かお探しですか。
나니까 오사가시데스까

보고 있습니다. 고마워요.
見ているだけです。ありがとう。
미떼이루 다께데스. 아리가또-

_____을 보여 주세요.
_____を見せてください。
오 미세떼 구다사이

가게에 들어서면 제일 먼저 종업원이 いらっしゃいませ라고 큰소리로 인사를 하며 손님을 맞이합니다. 何をお探しですか(뭐를 찾으십니까?)라고 물었을 때 살 마음이 없는 경우에는 見ているだけです(보고 있습니다)라고 대답하면 됩니다. 종업원이 손님에게 말을 걸었는데도 대답을 하지 않거나 무시하는 것은 상대에게 실례가 됩니다.

무얼 찾으세요?
何かお探しですか。
나니까 오사가시데스까

그냥 구경하는 거예요.
見ているだけです。
미떼이루 다께데스

잠깐 봐 주시겠어요?
ちょっとよろしいですか。
촛또 요로시-데스까

재킷을 찾는데요.
ジャケットを探しています。
쟈켓토오 사가시떼 이마스

이것과 같은 것은 없어요?
これと同じものはありませんか。
고레또 오나지 모노와 아리마셍까

이것뿐이에요?
これだけですか。
고레다께데스까

04 물건을 고를 때

다른 것을 보여 주세요.
他のを見せてください。
호까노오 미세떼 구다사이

다른 색은 없나요?
色違いがありますか。
이로치가이가 아리마스까

사이즈
サイズ
사이즈

디자인
デザイン
데자잉

나에게 맞는 사이즈를 보고 싶은데요.
私に合うサイズのものを見たいのですが。
와따시니 아우 사이즈노 모노오 미따이노데스가

입어 봐도 될까요?
試着してもいいですか。
시챠꾸시떼모 이-데스까

쇼핑을 할 때 가게에 들어가서 상품에 함부로 손을 대지 않도록 합시다. 가게에 진열되어 있는 상품은 어디까지나 샘플이기 때문에 손을 대는 것은 살 마음이 있다고 상대가 받아들일 수도 있습니다. 보고 싶을 경우에는 옆에 있는 점원에게 부탁을 해서 꺼내오도록 해야 합니다. 만약 찾는 물건이 보이지 않을 때는 ~を見せてください(~을 보여주세요)라고 해보세요.

그걸 봐도 될까요?

それを見てもいいですか。

소레오 미떼모 이-데스까

몇 가지 보여 주세요.

いくつか見せてください。

이꾸쓰까 미세떼 구다사이

다른 것을 보여 주세요.

別のものを見せてください。

베쯔노 모노오 미세떼 구다사이

더 좋은 것은 없어요?

もっといいのはありませんか。

못또 이-노와 아리마셍까

사이즈는 이것뿐이에요?

サイズはこれだけですか。

사이즈와 고레다께데스까

다른 디자인은 없어요?

他のデザインはありませんか。

호까노 데자잉와 아리마셍까

---

05 물건값을 흥정할 때

좀 비싸군요.
ちょっと高いですね。
촛또 다까이데스네

좀 더 싸게 안 될까요?
もう少し安くなりませんか。
모- 스꼬시 야스구 나리마셍까

거스름돈이 틀립니다.
おつりが違っています。
오쓰리가 치갓떼 이마스

정찰제로 운영하는 가게는 가격을 흥정하기 어렵지만, 할인점이나 시장 등에서는 가능합니다. 자신이 생각한 가격이 비쌀 경우에는 高いですね, 조금 쌀 때는 安いですね라고 말해보십시오. 더 싼 물건을 찾을 때는 もっと安いものはありませんか라고 하며, 값을 깎아달라고 할 때는 もっと安くしてくれませんか나 少し割引きできませんか라고 흥정하면 됩니다.

모르면 대략난감 **Best Expressions**

좀 더 깎아 줄래요?
もう少し負けてくれますか。
모- 스꼬시 마케떼 구레마스까

더 싼 것은 없나요?
もっと安いものはありませんか。
못또 야스이 모노와 아리마셍까

더 싸게 해 주실래요?
もっと安くしてくれませんか。
못또 야스꾸시떼 구레마셍까

좀 비싼 것 같군요.
ちょっと高いようですね。
춋또 다까이요-데스네

할인 좀 안 되나요?
少し割引できますか。
스꼬시 와리비끼 데끼마스까

미안해요. 다음에 올게요.
ごめんなさい。また来ます。
고멘나사이. 마따 기마스

기본 출국 숙박 외출 관광 식사 방문 쇼핑 트러블

195

06 물건값을 계산할 때

얼마입니까?
おいくらですか。
오이꾸라데스까

현금입니까, 카드입니까?
現金ですか、カードですか。
겡낀데스까, 카-도데스까

현금으로 지불하겠습니다.
現金で払います。
겡낀데 하라이마스

카드로 해주세요.
カードで。
카-도데

영수증을 주세요.
領収証をください。
료-슈-쇼-오 구다사이

가격이 정해지고 나서 구입한 물건을 한꺼번에 지불할 때는 全部でいくらに
なりますか라고 합니다. 거의 모든 가게에서 현금, 신용카드, 여행자수표 등
으로 물건값을 계산할 수 있지만, 여행자수표를 사용할 때는 여권의 제시를 요
구하는 가게도 있습니다. 일본은 각 개인이 소비세를 지불하며 우리처럼 카드
가 안 되는 곳이 많으므로 현금을 준비해야 합니다.

이건 얼마예요?

これはいくらですか。

고레와 이꾸라데스까

전부해서 얼마인가요?

全部でいくらですか。

젬부데 이꾸라데스까

이건 세일 중인가요?

これはセール中ですか。

고레와 세-루 쮸-데스까

세금을 포함한 가격입니까?

税金を含んだ値段ですか。

제-낑오 후꾼다 네단데스까

신용카드로 지불하고 싶은데요.

クレジットカードで支払いたいんですが。

쿠레짓토 카-도데 시하라이따인데스가

왜 가격이 다른가요?

どうして値段が違うんですか。

도-시떼 네당가 치가운데스까

---

07 포장이나 배달을 원할 때

포장해주세요.
包んでください。
쓰쓴데 구다사이

큰 봉투를 주세요.
大きい袋をください。
오-끼- 후꾸로오 구다사이

호텔까지 오늘 배달해주세요.
ホテルまで今日届けてください。
호테루마데 쿄- 도도케떼 구다사이

일본여행을 하면서 선물을 구입할 때는 받는 사람을 위해서 정성스럽게 포장을 부탁하게 됩니다. 매장에서 물건을 구입할 때 부피가 크거나 무거워서 들고 다니기 힘든 경우는 머물고 있는 호텔에 직접 배달을 これをホテルまで配達してください라고 부탁하거나, 아니면 매장의 따라 한국으로 직접 배송을 부탁할 수도 있습니다.

모르면 대략난감 Best Expressions

이건 배달해 주세요.

これは配達してください。

고레와 하이타쯔시떼 구다사이

호텔까지 갖다 주시겠어요?

ホテルまで届けてもらえますか。

호테루마데 도도께떼 모라에마스까

언제 배달해 주시겠어요?

いつ届けてもらえますか。

이쯔 도도께떼 모라에마스까

별도 요금이 드나요?

別料金がかかりますか。

베쯔료-낑가 가까리마스까

이 주소로 보내 주세요.

この住所に送ってください。

고노 쥬-쇼니 오꿋떼 구다사이

구입한 게 아직 배달되지 않았어요.

買ったものがまだ届きません。

갓따 모노가 마다 도도끼마셍

199

08 교환이나 환불을 원할 때

이것을 바꿔주세요.
これを取り替えてください。
고레오 도리카에떼 구다사이

여기에 얼룩이 있습니다.
ここに染みがあります。
고꼬니 시미가 아리마스

영수증은 있나요?
領収証はありますか。
료-슈-쇼-와 아리마스까

이거 산 물건하고 다릅니다.
これ、買ったものと違います。
고레, 갓따 모노또 치가이마스

쇼핑을 할 때는 물건을 꼼꼼히 잘 살펴보고 구입하면 매장에 다시 찾아가서 교환이나 환불을 요구할 필요가 없습니다. 더구나 외국에서는 말이 잘 통하지 않기 때문에 어려움이 있기 마련입니다. 그러나 만에 하나 구입한 물건에 하자가 있을 때는 여기서의 표현을 잘 익혀두어 새로운 물건으로 교환을 받거나 원하는 물건이 없을 때 거리낌없이 당당하게 환불을 받도록 합시다.

모르면 대략난감 **Best Expressions**

반품하고 싶은데요.
返品したいのですが。
헴삔시따이노데스가

아직 쓰지 않았어요.
まだ使っていません。
마다 쓰깟떼 이마셍

이걸 어제 샀어요.
これをきのう買いました。
고레오 기노- 가이마시다

다른 것으로 바꿔 주세요.
別のものと取り替えてください。
베쯔노 모노또 도리까에떼 구다사이

영수증은 여기 있어요.
領収証はここにあります。
료-슈-쇼-와 고꼬니 아리마스

환불해 주시겠어요?
返金してもらえますか。
헹낀시떼 모라에마스까

출국
숙박
외출
관광
식사
방문
쇼핑
트러블

그건 어디서 살 수 있습니까?
それはどこで買えますか。
소레와 도꼬데 가에마스까

▷ **스토어**

쇼핑몰
**ショッピング
モール**
쇼핑구 모-루

슈퍼마켓
**スーパー
マーケット**
수-파-마-켓토

할인점
**ディスカウント
ショップ**
디스카운토 숍푸

주류점
酒屋
사까야

가구점
家具屋
카구야

보석점
宝石店
호-세끼뗑

구둣가게
靴屋
구쯔야

문방구점
文房具屋
붐보-구야

식료품점
食料品店
쇼꾸료-힌뗑

서점
書店
쇼뗑

스포츠용품점
スポーツ用品店
스포-쓰요-힌뗑

완구점
おもちゃ屋
오모챠야

나에게 너무 큰데요.
わたしには大きすぎます。
와따시니와 오-끼스기마스

길다
長い
나가이

짧다
短い
미지까이

작다
小さい
치-사이

수수하다
派手だ
하데다

화려하다
地味だ
지미다

이걸 주세요.
これをください。
고레오 구다사이

▷ 사이즈 (size)

XL Extra large (特大)
    엑스트라 라지

L   Large (大)
    라지

M   Medium (中)
    미디엄

S   Small (小)
    스몰

XS Extra Small (特小)
    엑스트라 스몰

▷ 남성복

슈트
スーツ
스-쯔

블레이저
ブレザー
부레자-

넥타이
ネクタイ
네쿠타이

벨트
ベルト
베루토

바지
ズボン
즈봉

커프링크
カフ・リンク
카후 링쿠

넥타이핀
ネクタイピン
네쿠타이핑

안경
眼鏡
메가네

(테가 있는) 모자
ハット
핫토

우산
傘
카사

와이셔츠
ワイシャツ
와이샤쯔

트렌치코트
トレンチコート
토렌치코-토

접이식우산
折り畳み傘
오리타따미가사

204

▷ 여성복

티셔츠
ティーシャツ
티-샤쯔

스웨터
セーター
세-타-

블라우스
ブラウス
브라우스

원피스
ワンピース
왐피-스

스커트
スカート
스카-토

청바지
ジーンズ
지-ㄴ즈

투피스
ツーピース
쓰-피-스

재킷
ジャケット
쟈켓토

슬랙스
スラックス
스락쿠스

가죽코트
革コート
가와코-토

모피코트
ファーコート
화-코-토

스웨트 셔츠
スウェット・シャツ
스웻토 샤쯔

오버코트
オーバーコート
오-바-코-토

후드티
パーカー
파-카-

신발;구두
靴
구쯔

모자
帽子
보-시

플랫슈즈
ローヒール
로-히-루

하이힐
ハイヒール
하이히-루

핸드백
ハンドバッグ
한도박구

스니커
スニーカー
스니-카-

클러치백
クラッチバッグ
쿠랏치박구

양말
靴下
구쓰시따

스카프
えり巻き
에리마끼

스타킹
ストッキング
스톡킹구

속옷
下着
시따기

장갑
手袋
데부꾸로

짝퉁
にせもの
니세모노

▷ 문구

노트
ノート
노-토

볼펜
ボールペン
보-루펭

편지지
便せん
빈셍

만년필
万年筆
만넹히쯔

봉투
封筒
후-또-

책
本
홍

잡지
雑誌
잣시

▷ 기타

골프클럽
ゴルフクラブ
고루후쿠라부

손목시계
腕時計
우데도께-

키홀더
キーホルダー
키-호루다-

지갑
財布
사이후

다이아몬드
ダイヤモンド
다이야몬도

에메랄드
エメラルド
에메라루도

금
金
킹

진주
真珠
신쥬

반지
指輪
유비와

팔찌
ブレスレット
부레스렛토

목걸이
ネックレス
넥쿠레스

브로치
ブローチ
부로-치

귀걸이
イヤリング
이야링구

립스틱
口紅
구지베니

향수
香水
코-스이

마스카라
マスカラ
마스카라

아이펜슬
眉ずみ
마유즈미

▷ 식품과 과일

잼
ジャム
쟈무

쿠키
クッキー
쿡키-

건과일
乾燥果物
칸소-구다모노

초콜릿
チョコレート
쵸코레-토

캔디
キャンディ
캰디

치즈
チーズ
치-즈

햄
ハム
하무

소시지
ソーセージ
소-세-지

통조림
缶詰
칸즈메

오렌지
オレンジ
오렌지

사과
りんご
링고

바나나
バナナ
바나나

망고
マンゴー
망고-

파인애플
パイナップル
파이납푸루

☞ 여성(남성)복 사이즈

구분	한국여자	일본여자	한국남자	일본여자
XS	44	44	85	S / 36
S	55	55	90	M / 38
M	66	66	95	L / 40
L	77	77	100	LL,ML / 42
XL	88	88	105	44
XXL	110	-	110	

☞ 여자 신발 사이즈

한국(cm)	일본(mm)	미국	영국	유럽
220	22	5	2.5	35
225	22.5	5.5	3	36
230	23	6	3.5	36.5
235	23.5	6.5	4	37
240	24	7	4.5	37.5
245	24.5	7.5	5	38

☞ 남자 신발 사이즈

한국(cm)	일본(mm)	미국	영국	유럽
250	25	7	6	39
260	26	8	7	40.5
270	27	9	8	42
280	28	10	9	43
290	29	11	10	44.5

Part 9

트러블

01 말이 통하지 않을 때

일본어를 할 줄 압니까?
日本語は話せますか。
니홍고와 하나세마스까

아뇨, 잘 못합니다.
いいえ、あまりできないんです。
이-에, 아마리 데끼나인데스

한국어를 하는 분은 안 계세요?
韓国語を話す方はいませんか。
캉코꾸고오 하나스 가따와 이마셍까

여행을 떠나기 전에 기본적인 회화 정도는 익히고 출발하는 게 좋습니다. 단순히 여행을 간다면 그닥 일본어를 쓸 일이 없지만 이 정도는 알아두는 게 좋겠죠. 일본어를 할 줄 아느냐고 물었는데 모르면 日本語は話せません이라고 하면 됩니다. 반대로 일본인에게 한국어를 할 줄 아느냐고 물어볼 때는 韓国語は話せますか라고 말해보세요.

모르면 대략난감 Best Expressions

일본어는 못해요.
日本語は話せません。
니홍고와 하나세마셍

일본어는 잘 못해요.
日本語はあまりできないんです。
니홍고와 아마리 데끼나인데스

제 일본어로는 부족해요.
わたしの日本語では不十分です。
와따시노 니홍고데와 후쥬-분데스

천천히 말씀해 주시겠어요?
ゆっくりと言っていただけますか。
육꾸리또 잇떼 이따다께마스까

한국어를 하는 분은 안 계세요?
韓国語を話す方はいませんか。
캉코꾸고오 하나스 가따와 이마셍까

이것은 일본어로 뭐라고 하죠?
これは日本語で何と言いますか。
고레와 니홍고데 난또 이-마스까

기본 출국 숙박 외출 관광 식사 방문 쇼핑 트러블

여행을 하다 보면 가끔 난처한 상황에 처할 때가 있습니다. 예를 들어 길을 잃었거나 해서 어떻게 해야 할지 모를 때는 どうしたらいいでしょうか라고 말해보세요. 그러면 친절하게 알려줄 것입니다. 길을 걷다 보면 급하게 화장실을 가야 할 일이 있기 마련입니다. 이럴 때는 トイレはどこですか라고 말하면 됩니다.

지금 무척 곤란해요.

いま、たいへん困ってるんです。

이마, 다이헹 고맛떼룬데스

어떻게 하면 좋을까요?

どうしたらいいでしょうか。

도-시따라 이-데쇼-까

무슨 좋은 방법은 없을까요?

何かいい方法はありませんか。

나니까 이- 호-호-와 아리마셍까

어떻게 좀 해 주세요.

何とかしてください。

난또까 시떼 구다사이

화장실은 어디에 있죠?

トイレはどこですか。

토이레와 도꼬데스까

그건 좀 곤란한데요.

それはちょっと困るんですが。

소레와 촛또 고마룬데스가

03 물건을 분실했을 때

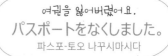

여권을 잃어버렸어요.
パスポートをなくしました。
파스포-토오 나꾸시마시다

택시에 가방을 놓고 내렸습니다.
タクシーにバッグを忘れました。
타쿠시-니 박구오 와스레마시다

여기에 가방이 없었나요?
ここにかばんがありませんでしたか。
고꼬니 가방가 아리마센데시다까

♡

여권이나 귀중품을 분실했다면 먼저 분실물센터나 호텔의 경비담당 아니면 경찰에 신고해보세요. 만약 신용카드를 분실했다면 카드사에 연락하여 사용을 정지시키고, 비행기탑승권을 분실했다면 여행사나 항공사에 연락하세요. 그리고 여권 분실에 대비하여 발행 연월일, 번호, 발행지 등은 수첩에 메모를 해두고 예비사진 2장도 준비해두는 것도 도움이 됩니다.

여권을 잃어버렸어요.

パスポートをなくしました。

파스포-토오 나꾸시마시다

전철에 가방을 놓고 내렸어요.

電車にバッグを忘れました。

덴샤니 박구오 와스레마시다

유실물 센터는 어디에 있죠?

紛失物係はどこですか。

훈시쯔부쯔 가까리와 도꼬데스까

누구에게 알리면 되죠?

だれに知らせたらいいですか。

다레니 시라세따라 이-데스까

무엇이 들어있었죠?

何が入っていましたか。

나니가 하잇떼 이마시다까

찾으면 연락드릴게요.

見つかったら連絡します。

미쓰깟따라 렌라꾸시마스

217

04 도난 당했을 때

을 도둑맞았습니다.
を盗まれました。
오 누스마레마시다

신용카드
クレジットカード
쿠레짓토 카-도

가방
バッグ
박구

여권
パスポート
파스포-토

지갑
財布
사이후

카메라
カメラ
카메라

돈
お金
오까네

스마트폰
スマートホン
스마-토홍

시계
時計
도께-

여행가방
スーツケース
스-츠케-스

위급합니다!
緊急事態です。
킹뀨-지따이데스

한국대사관으로 연락 주세요.
韓国大使館に連絡してください。
캉코꾸타이시깐니 렌라꾸시데 구다사이

일본은 치안이 잘 되어 있는 나라지만 만약을 대비해서 다음과 같은 표현도 잘 익혀 두면 위급할 때 유용하게 쓸 수 있습니다. 만약 물건을 도난당했다면 우선 도난 품목을 빠짐없이 작성하고 현지 경찰에 도난신고를 하거나 대사관 영사부에 도움을 요청해보세요. 그리고 보험에 가입되어 있다면 해당 보험사에도 연락하여 피해사건을 신고하도록 하세요.

강도예요!

強盗ですよ!

고-또-데스요

돈을 빼앗겼어요.

お金を奪われました。

오까네오 우바와레마시다

스마트폰을 도둑맞았어요.

スマートホンを盗まれました。

스마-토홍오 누스마레마시다

전철 안에서 지갑을 소매치기 당했어요.

電車の中で財布をすられました。

덴샤노 나까데 사이후오 스라레마시다

방에 도둑이 든 것 같아요.

部屋に泥棒が入ったようなんです。

헤야니 도로보-가 하잇따요-난데스

도난신고서를 내고 싶은데요.

盗難届けを出したいんですが。

도-난토도께오 다시따인데스가

사고가 났어요.
事故が起きました。
지꼬가 오끼마시다

_____호선입니다.
_____号線です。
고-센데스

렌터카 회사로 연락해주세요.
レンタカー会社に連絡してください。
렌타카-가이샤니 렌라꾸시떼 구다사이

회사는 _____,
会社は _____、
카이샤와

차번호는 _____입니다.
車のナンバーは _____です。
구루마노 남바-와   데스

사고는 일어나기 전에 미리 대비하고 예방하는 것이 가장 중요합니다. 만약 교통사고가 일어나면 먼저 경찰에게 알리고 보험회사, 렌터카 회사에 연락을 취합니다. 사고 당사자가 먼저 사죄를 하면 잘못을 인정하는 꼴이 되므로 당황하지 말고 신중하게 대처해야 합니다. 그리고 사고에 대한 보험을 청구하기 위해서는 사고증명서를 반드시 받아두어야 합니다.

교통사고예요!

交通事故ですよ!

고-쓰-지꼬데스요

구급차를 불러 주세요.

救急車を呼んでください。

큐-뀨-샤오 욘데 구다사이

도와줘요! 사고예요!

助けて! 事故ですよ!

다스케떼! 지꼬데스요

경찰을 불러 주세요.

警察を呼んでください。

케-사쯔오 욘데 구다사이

저에게는 과실이 없어요.

わたしのほうには過失はありません。

와따시노 호-니와 카시쯔와 아리마셍

이 사고는 제 탓입니다.

この事故はわたしのせいです。

고노 지꼬와 와따시노 세-데스

221

여보세요. 110번(긴급전화)입니다.
もしもし。110番です。
모시모시. 햐쿠토-반데스

무슨 일이 일어났어요?
何が起こったんですか。
나니가 오꼿딴데스까

도와주세요! 다친 사람이 있어요.
助けてください! 怪我人がいます。
다스께떼 구다사이! 케가닝가 이마스

그 자리의 분위기나 상대에게 신경을 쓴 나머지 자신도 모르게 그만 웃으며 승낙을 하는 경우가 있으므로 결코 알았다는 행동을 취하지 말고 적극적으로 물어봅시다. 또한 순식간에 난처한 상황이나 위급한 상황이 발생했을 때는 입이 얼어 아무 말도 나오지 않는 법입니다. 만약을 대비해서 상대를 제지할 수 있는 최소한의 표현은 반드시 기억해둡시다.

모르면 대략난감 **Best Expressions**

위험해요!
危ないです!
아부나이데스

다가오지 말아요!
近づかないでください!
치까즈까나이데 구다사이

위급해요!
緊急です!
킹뀨-데스

도와주세요!
助けてください!
다스께떼 구다사이

누구 좀 와 주세요!
だれか来てください!
다레까 기떼 구다사이

그만두세요!
やめてください!
야메떼 구다사이

기본

출국

숙박

외출

관광

식사

방문

쇼핑

트러블

07 병원에서 1

배가 아픈데, 약은 없나요?

おなかが痛いのですが、薬はありませんか。
오나까가 이따이노데스가, 구스리와 아리마셍까

의사를 불러주세요.

医者を呼んでください。
이샤오 욘데 구다사이

병원으로 데려가주세요.

病院へ連れていってください。
뵤-잉에 쓰레떼 잇떼 구다사이

구급차
救急車
큐-규-샤

의사에게 진찰을 받고 싶을 때는 먼저 호텔 프런트에 증상을 설명하고 해당 의료기관을 소개받습니다. 또한 관광안내소에서도 가까운 의료기관을 소개받을 수 있으며, 만약 해외여행보험에 가입했을 경우에도 보험사에 연락하여 의료기관을 소개받을 수 있습니다. 병원에서 들어가면 먼저 접수를 하고 문진표를 작성한 다음 의사의 진찰과 처방을 받고 수납하면 됩니다.

모르면 대략난감 **Best Expressions**

무슨 과의 진료를 원하세요?

何科の受診をご希望ですか。

나니까노 쥬싱오 고키보-데스까

보험증은 가지고 계세요?

保険証はお持ちでしょうか。

호껜쇼-와 오모찌데쇼-까

이 병원에서의 진료는 처음이세요?

この病院での受診ははじめてですか。

고노 뵤-인데노 쥬싱와 하지메떼데스까

다음에는 언제 오면 되죠?

今度はいつ来たらいいでしょうか。

곤도와 이쯔 기따라 이-데쇼-까

몇 번 통원해야 하죠?

何回通院しないといけませんか。

낭까이 쓰-인시나이또 이께마셍까

오늘 진찰비는 얼마에요?

今日の診察代はおいくらですか。

쿄-노 신사쯔다이와 오이꾸라데스까

기본
출국
숙박
외출
관광
식사
방문
쇼핑
트러블

225

08 병원에서 2

조금
少し
스꼬시

여기가 무척 아파요.
ここがひどく痛いです。
고꼬가 히도꾸 이따이데스

여행을 계속해도 될까요?
旅行を続けてもいいですか。
료꼬-오 쓰즈케떼모 이-데스까

현지에서 몸이 아플 때 말이 통하지 않으면 매우 당혹스럽습니다. 이럴 때는
현지 가이드의 통역을 받는 것이 가장 손쉬운 일이지만, 혼자일 경우에는 아픈
증상을 정확하게 전달할 수 있는 의사소통의 능력을 갖추어야 합니다. 우리와
마찬가지로 대부분의 병원은 접수를 하고 대기하면 순서대로 호출을 합니다.
의사가 증상을 물으면 정확하게 증상을 말하도록 합시다.

오늘은 어땠어요?

今日はどうなさいましたか。

쿄-와 도- 나사이마시다까

어디 아프세요?

どこか痛みますか。

도꼬까 이따미마스까

여기를 누르면 아파요?

ここを押すと痛いですか。

고꼬오 오스또 이따이데스까

어느 정도 간격으로 머리가 아프세요?

どれくらいおきに頭痛がしますか。

도레쿠라이 오끼니 즈쓰-가 시마스까

이런 증상은 이전에도 있었어요?

このような症状は、以前にもありましたか。

고노요-나 쇼-죠-와, 이젠니모 아리마시다까

알레르기 체질인가요?

アレルギー体質ですか。

아레루기- 타이시쯔데스까

두통
頭痛
즈쓰-

복통
腹痛
후꾸쓰-

속쓰림
胃痛
이쓰

설사
下痢
게리

치통
歯痛
시쓰-

구토가 나다
吐き気がする
하끼께가 스루

한기가 들다
寒気がする
사무께가 스루

몸이 나른하다
体がだるい
가라다가 다루이

몸이 안 좋다
気分が悪い
기붕가 와루이

목이 아프다
のどが痛い
노도가 이따이

열이 있다
熱がある
네쯔가 아루

감기가 걸리다
風邪を引く
가제오 히꾸

변비
便秘
벰삐

삠, 접질림
捻挫
넨자

화상
火傷
야께도

여행을 하다 보면 뜻하지 않게 사고로 다치거나 몸이 아파서 병원을 찾아야 하는 경우가 있습니다. 의사가 물으면 아픈 곳을 손으로 가리키며 정확히 말하도록 합시다. 일본어에서 우리말 '아프다'에 해당하는 단어는 痛い와 痛む가 있습니다. 痛い는 형용사이며 痛む는 동사입니다. 따라서 형용사와 동사는 서술어이기 때문에 활용 방법만 다르지 의미에는 차이가 없습니다.

열이 있고 기침이 있어요.
熱があり、せきが出ます。
네쯔가 아리, 세끼가 데마스

조금 열이 있는 것 같아요.
すこし熱があるようです。
스꼬시 네쯔가 아루요-데스

미열이 있는 것 같아요.
微熱があるようです。
비네쯔가 아루요-데스

유행성 독감에 걸린 것 같아요.
流感にかかったみたいです。
류-깐니 가캇따미따이데스

토할 것 같아요.
吐きそうです。
하끼소-데스

어젯밤부터 두통이 심해요.
ゆうべから頭痛がひどいです。
유-베까라 즈쯔-가 히도이데스

10 약국에서

여행 피로에 잘 듣는 약은 있어요?
旅行疲れによく効く薬はありますか。
료꼬-즈까레니 요꾸 기꾸 구스리와 아리마스까

이 처방전 약을 주세요.
この処方せんの薬をお願いします。
고노 쇼호-센노 구스리오 오네가이시마스

어떻게 먹죠?
飲み方は?
노미카따와

이건 여행 피로에 잘 듣습니다.
これは旅行疲れによく効きます。
고레와 료꼬-즈까레니 요꾸 기끼마스

일본도 우리처럼 의사의 진단이 없이는 약을 함부로 조제받지 못하며, 간단한 약을 사는 데도 의사의 처방이 필요한 경우가 있으므로 병원에 가서 의사의 처방을 받아야 합니다. 또한 요즘 일본에서는 병원 진료를 받으려면 너무 많이 기다려야 하기 때문에 심각한 통증이나 질환이 아닌 대다수의 소비자는 약국에 가서 일반의약품을 사 먹고 얼른 문제를 해결하려고 합니다.

이 약으로 통증이 가라앉을까요?

この薬で痛みがとれますか。

고노 구스리데 이따미가 도레마스까

피로에는 무엇이 잘 들어요?

疲れ目には何が効きますか。

쓰까레메니와 나니가 기끼마스까

바르는 약 좀 주세요.

塗り薬がほしいのですが。

누리구스리가 호시-노데스가

몇 번 정도 복용하죠?

何回くらい服用するのですか。

낭까이 쿠라이 후꾸요-스루노데스까

한 번에 몇 알 먹으면 되죠?

1回に何錠飲めばいいですか。

익까이니 난죠- 노메바 이-데스까

진통제는 들어 있어요?

痛み止めは入っていますか。

이따미도메와 하잇떼 이마스까

231

기본 / 출국 / 숙박 / 외출 / 관광 / 식사 / 방문 / 쇼핑 / 트러블

알아두면 금상첨화 **Bonus Expressions**

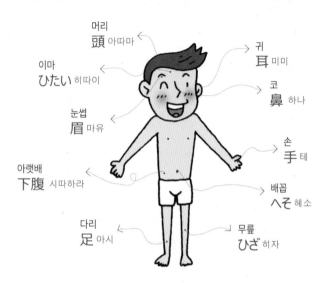

머리
頭 아따마

이마
ひたい 히따이

눈썹
眉 마유

아랫배
下腹 시따하라

다리
足 아시

귀
耳 미미

코
鼻 하나

손
手 테

배꼽
へそ 헤소

무릎
ひざ 히자

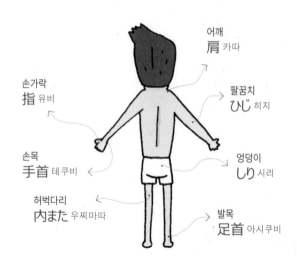

어깨
肩 카따

손가락
指 유비

손목
手首 테쿠비

허벅다리
内また 우찌마따

팔꿈치
ひじ 히지

엉덩이
しり 시리

발목
足首 아시쿠비

232

부록

회화를 위한 기본단어

■ 숫자

☐ 一(いち) 일, 1

☐ 二(に) 이, 2

☐ 三(さん) 삼, 3

☐ 四(し/よん) 사, 4

☐ 五(ご) 오, 5

☐ 六(ろく) 육, 6

☐ 七(しち/なな) 칠, 7

☐ 八(はち) 팔, 8

☐ 九(く/きゅう) 구, 9

☐ 十(じゅう) 십, 10

☐ 二十(にじゅう) 이십, 20

☐ 三十(さんじゅう) 삼십, 30

☐ 四十(よんじゅう) 사십, 40

☐ 五十(ごじゅう) 오십, 50

☐ 六十(ろくじゅう) 육십, 60

☐ 七十(ななじゅう) 칠십, 70

☐ 八十(はちじゅう) 팔십, 80

☐ 九十(きゅうじゅう) 구십, 90

☐ 百(ひゃく) 백, 100

☐ 二百(にひゃく) 이백, 200

☐ 三百(さんびゃく) 삼백, 300

☐ 四百(よんひゃく) 사백, 400

☐ 五百(ごひゃく) 오백, 500

☐ 六百(ろっぴゃく) 육백, 600

☐ 七百(ななひゃく) 칠백, 700

☐ 八百(はっぴゃく) 팔백, 800

☐ 九百(きゅうひゃく) 구백, 900

☐ 一千(いっせん) 천, 1,000

☐ 二千(にせん) 이천, 2,000

☐ 三千(さんぜん) 삼천, 3,000

☐ 四千(よんせん) 사천, 4,000

☐ 五千(ごせん) 오천, 5,000

☐ 六千(ろくせん) 육천, 6,000

☐ 七千(ななせん) 칠천, 7,000

☐ 八千(はっせん) 팔천, 8,000

☐ 九千(きゅうせん) 구천, 9,000

☐ 一万(いちまん) 만, 10,000

☐ 二万(にまん) 이만, 20,000

☐ 三万(さんまん) 삼만, 30,000

☐ 四万(よんまん) 사만, 40,000

☐ 五万(ごまん) 오만, 50,000

- □ 六万(ろくまん) 육만, 60,000
- □ 七万(なな/しちまん) 칠만, 70,000
- □ 八万(はちまん) 팔만, 80,000
- □ 九万(きゅうまん) 구만, 90,000
- □ 十万(じゅうまん) 십만, 100,000
- □ 百万(ひゃくまん) 백만, 1,000,000
- □ 千万(せんまん) 천만, 10,000,000
- □ 億(おく) 억
- □ 十億(じゅうおく) 십억
- □ 百億(ひゃくおく) 백억
- □ 千億(せんおく) 천억

■ 시간

- □ 一時(いちじ) 한 시, 1시
- □ 二時(にじ) 두 시, 2시
- □ 三時(さんじ) 세 시, 3시
- □ 四時(よじ) 네 시, 4시
- □ 五時(ごじ) 다섯 시, 5시
- □ 六時(ろくじ) 여섯 시, 6시

- □ 七時(しちじ) 일곱 시, 7시
- □ 八時(はちじ) 여덟 시, 8시
- □ 九時(くじ) 아홉 시, 9시
- □ 一分(いっぷん) 1분
- □ 二分(にふん) 2분
- □ 三分(さんぷん) 3분
- □ 四分(よんぷん) 4분
- □ 五分(ごふん) 5분
- □ 六分(ろっぷん) 6분
- □ 七分(ななふん) 7분
- □ 八分(はっぷん) 8분
- □ 九分(きゅうふん) 9분
- □ 十分(じゅっぷん/じっぷん) 10분

■ 지시대명사와 연체사

- □ これ 이것
- □ それ 그것
- □ あれ 저것
- □ どれ 어느 것
- □ ここ 여기

- [ ] そこ 거기
- [ ] あそこ 저기
- [ ] どこ 어디
- [ ] こちら 이쪽
- [ ] そちら 그쪽
- [ ] あちら 저쪽
- [ ] どちら 어느 쪽
- [ ] この 이
- [ ] その 그
- [ ] あの 저
- [ ] どの 어느
- [ ] こんな 이런
- [ ] そんな 그런
- [ ] あんな 저런
- [ ] どんな 어떤

■ 위치와 방향

- [ ] 上(うえ) 위
- [ ] 下(した) 아래
- [ ] 横(よこ) 옆
- [ ] 後(うし)ろ 뒤

- [ ] 向(む)かい 맞은편
- [ ] 中(なか) 안, 속
- [ ] 左(ひだり) 왼쪽
- [ ] 右(みぎ) 오른쪽
- [ ] 外(そと) 밖
- [ ] 東(ひがし) 동쪽
- [ ] 西(にし) 서쪽
- [ ] 南(みなみ) 남쪽
- [ ] 北(きた) 북쪽
- [ ] 真(ま)ん中(なか) 한가운데
- [ ] 隅(すみ) 구석
- [ ] 近(ちか)く 근처
- [ ] 遠(とお)く 멀리
- [ ] 間(あいだ) 사이

■ 신체

- [ ] 体(からだ) 몸
- [ ] 肌(はだ) 살갗, 피부
- [ ] 頭(あたま) 머리
- [ ] 顔(かお) 얼굴
- [ ] 目(め) 눈

□ 鼻(はな) 코

□ 耳(みみ) 귀

□ 口(くち) 입

□ 首(くび) 머리, 고개

□ 肩(かた) 어깨

□ 手(て) 손

□ 腕(うで) 팔

□ 胸(むね) 가슴

□ 背中(せなか) 등

□ 腹(はら) 배

□ 腰(こし) 허리

□ お尻(しり) 엉덩이

□ 足(あし) 발, 다리

■ 생리현상

□ 涙(なみだ) 눈물

□ 汗(あせ) 땀

□ 唾(つば) 침

□ 鼻水(はなみず) 콧물

□ 咳(せき) 기침

□ 息(いき) 숨

□ くしゃみ 재채기

□ のび 기지개

□ あくび 하품

□ おしっこ 오줌

□ おなら 방귀

□ 便(べん)/糞(くそ) 똥

□ 鼻糞(はなくそ) 코딱지

□ 目糞(めくそ) 눈곱

□ にきび 여드름

□ 肉(にく) 살

□ 骨(ほね) 뼈

□ 血(ち) 피

■ 체격

□ 禿頭(はげあたま) 대머리

□ 縮(ちぢ)れ毛(げ) 곱슬머리

□ 白髪(しらが) 백발

□ ふたえまぶた 쌍꺼풀

□ 口髭(くちひげ) 콧수염

□ 背(せ)が 高(たか)い 키가 크다

□ 背(せ)が 低(ひく)い 키가 작다

237

□ 太(ふと)る 살찌다

□ 痩(や)せる 마르다, 살이 빠지다

□ ハンサムだ 미남이다, 핸섬하다

□ ブスだ 못생기다(여자)

□ 健康(けんこう)だ 건강하다

□ 弱(よわ)い 약하다

□ 腹(はら)が 出(で)る 배가 나오다

□ 男(おとこ)らしい 남자답다

□ 女(おんな)らしい 여자답다

□ 美男(びなん) 미남

□ 美人(びじん) 미인

■ 일상생활

□ 起(お)きる 일어나다

□ 顔(かお)を 洗(あら)う 세수하다

□ 歯(は)を 磨(みが)く 이를 닦다

□ ご飯(はん)を 食(た)べる
밥을 먹다

□ 水(みず)を 飲(の)む 물을 마시다

□ トイレに 行(い)く
화장실에 가다

□ 化粧(けしょう)する 화장하다

□ 出勤(しゅっきん)する 출근하다

□ 働(はたら)く 일하다

□ 忙(いそが)しい 바쁘다

□ 遊(あそ)ぶ 놀다

□ 暇(ひま)だ 한가하다

□ 帰(かえ)って 来(く)る 돌아오다

□ 休(やす)む 쉬다

□ 風呂(ふろ)に はいる 목욕하다

□ シャワーを 浴(あ)びる
샤워를 하다

□ 寝(ね)る 자다

□ 夢(ゆめ)を 見(み)る 꿈을 꾸다

■ 일생

□ 暮(く)らす 생활하다, 살다

□ 生(い)きる 살다

□ 生(う)まれる 태어나다

□ 育(そだ)つ 자라다

□ 育(そだ)てる 키우다

□ 年(とし)を 取(と)る 나이를 먹다

238

□ 老(お)いる 늙다

□ 死(し)ぬ 죽다

□ 婚約(こんやく)する 약혼하다

□ 結婚(けっこん)する 결혼하다

□ 離婚(りこん)する 이혼하다

□ 娘(むすめ) 딸

□ 息子(むすこ) 아들

□ 若者(わかもの) 젊은이

□ 誕生日(たんじょうび) 생일

□ 還暦(かんれき) 환갑, 회갑

□ 葬式(そうしき) 장례식

□ お墓(はか) 묘

□ 投(な)げる 던지다

□ 受(う)ける 받다

□ 抱(いだ)く 안다, 껴안다

□ 持(も)つ 들다, 가지다

□ 拾(ひろ)う 줍다

□ 指(さ)す 가리키다

□ 叩(たた)く 두드리다

□ 押(お)さえる 누르다

□ 蹴(け)る 차다

□ 歩(ある)く 걷다

□ 走(はし)る 달리다

■ 동작

□ 掴(つか)む 잡다

□ 押(お)す 밀다

□ 引(ひ)く 끌다, 당기다

□ 触(さわ)る 만지다

□ 殴(なぐ)る 때리다

□ 揺(ゆ)する 흔들다

□ 破(やぶ)る 깨다, 깨트리다

■ 감각

□ 考(かんが)える 생각하다

□ 覚(おぼ)える 기억하다, 외우다

□ 忘(わす)れる 잊다

□ 後悔(こうかい)する 후회하다

□ 悩(なや)む 고민하다

□ 反省(はんせい)する 반성하다

□ 狂(くる)う 미치다

□ 気(き)に なる 걱정이 되다

□ 気(き)が 利(き)く 눈치가 빠르다

□ 気(き)が きかない 눈치가 없다

□ 気(き)を 使(つか)う 신경을 쓰다

□ 気(き)を つける 조심하다

□ 誤解(ごかい)する 오해하다

□ 錯覚(さっかく)する 착각하다

□ 信(しん)じる 믿다

□ 相談(そうだん)する
　의논 (상담)하다

□ 決(き)める 정하다, 결정하다

□ 疑(うたが)う 의심하다

■ 감정

□ 嬉(うれ)しい 기쁘다

□ 楽(たの)しい 즐겁다

□ 面白(おもしろ)い 재미있다

□ つまらない 시시하다

□ 気分(きぶん)が いい
　기분이 좋다

□ きぶんが 悪(わる)い
　기분이 나쁘다

□ 可笑(おか)しい 이상하다

□ 幸福(こうふく)だ 행복하다

□ 興奮(こうふん)する 흥분하다

□ 感動(かんどう)する 감동하다

□ まあまあだ 그저 그렇다

□ 愛(あい)する 사랑하다

□ 好(す)きだ 좋아하다

□ 嫌(きら)いだ 싫어하다

□ 不愉快(ふゆかい)だ 불쾌하다

□ 嫉妬(しっと)する 질투하다

□ 満足(まんぞく)だ 만족하다

□ 残念(ざんねん)だ 유감이다

□ 悲(かな)しい 슬프다

□ 寂(さび)しい 쓸쓸하다,
　적적하다

□ 辛(つら)い 괴롭다

□ 恐(こわ)い 무섭다

□ がっかりする 실망하다

□ おじけづく 겁나다

□ 悔(くや)しい 분하다

□ 腹立(はらだ)つ 화나다

□ 驚(おどろ)く 놀라다

240

☐ 息苦(いきぐる)しい 답답하다

☐ 我慢(がまん)する 참다

☐ かわいそうだ 불쌍하다,
　가엾다

☐ 恨(うら)む 원망하다

☐ 憎(にく)む 미워하다, 증오하다

☐ 慌(あわ)てる 당황하다

☐ 心配(しんぱい)する 걱정하다

☐ 恥(は)ずかしい 부끄럽다

☐ 困(こま)る 곤란하다, 난처하다

☐ 大人(おとな)しい 어른스럽다

☐ 優(やさ)しい 상냥하다

☐ 親切(しんせつ)だ 친절하다

☐ 純真(じゅんしん)だ 순진하다

☐ 利口(りこう)だ 영리하다,
　슬기롭다

☐ 勇敢(ゆうかん)だ 용감하다

☐ 朗(ほが)らかだ 명랑하다

☐ 冷(つめ)たい 차갑다, 냉정하다

☐ 男(おとこ)らしい 남자답다

☐ 女(おんな)らしい 여자답다

■ 성격

☐ 怠(なま)ける 게으르다

☐ まめだ 성실하다, 착하다

☐ 落(お)ち着(つ)く 침착하다

☐ そそっかしい 덜렁대다

☐ 立派(りっぱ)だ 훌륭하다

☐ 善良(ぜんりょう)だ 선량하다,
　착하다

☐ 生意気(なまいき)だ 건방지다

☐ 傲慢(ごうまん)だ 거만하다

■ 때

☐ 今(いま) 지금

☐ すぐに 곧바로, 당장

☐ 早(はや)く 일찍, 빨리

☐ 遅(おそ)く 늦게

☐ いつも 언제나, 항상

☐ 普段(ふだん) 보통, 평소

☐ 先(さき)に 먼저, 앞서

☐ まず 우선, 먼저

- [ ] この前(まえ)に 요전에
- [ ] ただ今(いま) 방금
- [ ] 後(あと)で 나중에
- [ ] これから 앞으로, 이제부터
- [ ] 次(つぎ)に 다음에
- [ ] もう 이미, 벌써, 머지않아
- [ ] 再(ふたた)び 다시, 재차
- [ ] たまに 가끔, 이따금
- [ ] 度々(たびたび) 몇 번이나, 종종
- [ ] 急(きゅう)に 갑자기

■ 하루의 시간

- [ ] 明(あ)け方(がた) 새벽
- [ ] 朝(あさ) 아침
- [ ] 昼(ひる) 낮
- [ ] 夕方(ゆうがた) 저녁
- [ ] 夜(よる) 밤
- [ ] 夜中(よなか) 밤중
- [ ] 深夜(しんや) 심야
- [ ] 午前(ごぜん) 오전
- [ ] 午後(ごご) 오후

- [ ] 正午(しょうご) 정오, 낮
- [ ] 一日(いちにち) 하루
- [ ] ~中(じゅう) ~종일
- [ ] 半日(はんにち) 반나절
- [ ] 時間(じかん) 시간
- [ ] 時(とき) 때
- [ ] 何時(なんじ) 몇 시
- [ ] 何分(なんぷん) 몇 분
- [ ] 何秒(なんびょう) 몇 초

■ 날짜와 요일

- [ ] 日(ひ) 날, 일
- [ ] 月(がつ)/月(げつ) 월, 달
- [ ] 年(ねん) 해, 연
- [ ] 何月(なんがつ) 몇 월
- [ ] 何年(なんねん) 몇 년
- [ ] 一日(ついたち) 초하루, 1일
- [ ] 二日(ふつか) 이틀, 2일
- [ ] 三日(みっか) 사흘, 3일
- [ ] 一ヶ月(いっかげつ) 한 달, 1개월
- [ ] 週末(しゅうまつ) 주말

- [ ] 月末(げつまつ) 월말
- [ ] 年末(ねんまつ) 연말
- [ ] 月曜日(げつようび) 월요일
- [ ] 火曜日(かようび) 화요일
- [ ] 水曜日(すいようび) 수요일
- [ ] 木曜日(もくようび) 목요일
- [ ] 金曜日(きんようび) 금요일
- [ ] 土曜日(どようび) 토요일

■ 연월일

- [ ] 今年(ことし) 올해, 금년
- [ ] 来年(らいねん) 내년
- [ ] 再来年(さらいねん) 내후년
- [ ] 去年(きょねん) 작년
- [ ] 昨年(さくねん) 작년
- [ ] 一昨年(おととし) 재작년
- [ ] 毎年(まいとし) 매해, 매년
- [ ] 今月(こんげつ) 이번 달
- [ ] 先月(せんげつ) 지난 달
- [ ] 来月(らいげつ) 다음 달
- [ ] 再来月(さらいげつ) 다다음 달

- [ ] 毎月(まいつき) 매달, 매월
- [ ] 今日(きょう) 오늘
- [ ] 明日(あした) 내일
- [ ] 明後日(あさって) 모레
- [ ] 昨日(きのう) 어제
- [ ] 一昨日(おととい) 그제
- [ ] 毎日(まいにち) 매일

■ 날씨

- [ ] 天気(てんき) 날씨
- [ ] 晴(は)れ 맑음, 개임
- [ ] 曇(くも)り 흐림
- [ ] 雲(くも) 구름
- [ ] 雨(あめ) 비
- [ ] 雪(ゆき) 눈
- [ ] 晴(は)れる 맑다, 개이다
- [ ] 台風(たいふう) 태풍
- [ ] 稲妻(いなずま) 번개
- [ ] 雷(かみなり) 천둥, 우뢰
- [ ] 気温(きおん) 기온
- [ ] 気圧(きあつ) 기압

□ 地震(じしん) 지진

□ 洪水(こうずい) 홍수

□ 日照(ひで)り 가뭄

□ 夕立(ゆうだち) 소나기

□ 梅雨(つゆ) 장마

□ 津波(つなみ) 해일, 쓰나미

□ 氷(こおり) 얼음

□ つらら 고드름

□ 陽炎(かげろう) 아지랑이

□ 天気予報(てんきよほう)
　일기예보

□ 気象(きしょう) 기상

■ 기후

□ 気候(きこう) 기후

□ 空(そら) 하늘

□ 空気(くうき) 공기

□ 湿気(しっけ) 습기

□ 霧(きり) 안개

□ 露(つゆ) 이슬

□ 霜(しも) 서리

□ 虹(にじ) 무지개

□ 暖(あたた)かい 따뜻하다

□ 暑(あつ)い 덥다

□ 蒸(む)し暑(あつ)い 무덥다

□ 涼(すず)しい 시원하다

□ 寒(さむ)い 춥다

■ 동물

□ 飼(か)う 기르다

□ 餌(えさ)を やる 먹이를 주다

□ 犬(いぬ) 개

□ 猫(ねこ) 고양이

□ ねずみ 쥐

□ ゴキブリ 바퀴벌레

□ 蚊(か) 모기

□ はえ 파리

□ 鳥(とり) 새

□ 牛(うし) 소

□ 馬(うま) 말

□ 虎(とら) 호랑이

□ 魚(さかな) 물고기

□ 虫(むし) 벌레
□ 鶏(にわとり) 닭
□ ウサギ 토끼
□ スズメ 참새
□ 豚(ぶた) 돼지

■ 식물

□ 植物(しょくぶつ) 식물
□ 稲(いね) 벼
□ 麦(むぎ) 보리
□ 草(くさ) 풀
□ 松(まつ) 소나무
□ 柳(やなぎ) 버드나무
□ むくげ 무궁화
□ 花(はな) 꽃
□ 咲(さ)く (꽃이) 피다
□ 桜(さくら) 벚(꽃)
□ 実(み) 열매
□ 新芽(しんめ) 새싹
□ 根(ね) 뿌리
□ 葉(は) 잎

□ 紅葉(もみじ) 단풍
□ 落葉(おちば) 낙엽
□ 芝生(しばふ) 잔디
□ 木(き) 나무

■ 의복

□ 服(ふく) 옷
□ 紳士服(しんしふく) 신사복
□ 婦人服(ふじんふく) 여성복
□ 洋服(ようふく) 옷(서양옷)
□ 和服(わふく) 일본전통 옷
□ ズボン 바지
□ スカート 스커트, 치마
□ 上着(うわぎ) 겉옷, 상의
□ ワンピース 원피스
□ コート 코트, 웃옷
□ セーター 스웨터
□ ワイシャツ 와이셔츠
□ 下着(したぎ) 속옷
□ ランニング 러닝
□ シュミーズ 슈미즈. 속치마

□ 靴下(くつした) 양말

□ 着(き)る 입다

□ 脱(ぬ)ぐ 벗다

□ ハンドバック 핸드백

□ アクセサリー 액세서리

■ 장신구

□ 帽子(ぼうし) 모자

□ 眼鏡(めがね) 안경

□ 腕時計(うでどけい) 손목시계

□ 手袋(てぶくろ) 장갑

□ 襟巻(えりま)き 목도리

□ ベルト 벨트, 허리띠

□ ハンカチ 손수건

□ 財布(さいふ) 지갑

□ 履物(はきもの) 신발

□ 靴(くつ) 구두

□ 運動靴(うんどうぐつ) 운동화

□ 指輪(ゆびわ) 반지

□ 腕輪(うでわ) 팔찌

□ 首飾(くびかざ)り 목걸이

□ イヤリング 귀걸이

□ かつら 가발

■ 식사

□ 空腹(くうふく)だ 배고프다

□ 満腹(まんぷく)だ 배부르다

□ おいしい 맛있다

□ まずい 맛없다

□ 食欲(しょくよく) 식욕

□ 朝食(ちょうしょく) 아침식사, 조식

□ 昼食(ちゅうしょく) 점심식사, 중식

□ 夕食(ゆうしょく) 저녁식사, 석식

□ 間食(かんしょく) 간식

□ ご飯(はん) 밥

□ おかず 반찬

□ 食(た)べる 먹다

□ 汁(しる) 국

□ 腐(くさ)る 썩다

□ 食事(しょくじ) 식사

- 飲(の)む 마시다
- 箸(はし) 젓가락
- 割箸(わりばし) 1회용 나무젓가락

조미료와 맛

- 調味料(ちょうみりょう) 조미료
- 塩(しお) 소금
- 砂糖(さとう) 설탕
- 醤油(しょうゆ) 간장
- 味噌(みそ) 된장
- 酢(す) 식초
- こしょう 후춧가루
- 油(あぶら) 기름
- ごま油(あぶら) 참기름
- ごま 참깨
- ねぎ 파
- 生姜(しょうが) 생강
- 辛(から)い 맵다
- 塩辛(しおから)い 짜다
- 薄(うす)い 싱겁다
- 酸(す)っぱい 시다

- 甘(あま)い 달다
- 苦(にが)い 쓰다

술자리

- 大酒(おおざけ)のみ 술고래
- 酔(よ)っ払(ぱら)い 술꾼, 주정뱅이
- 酔(よ)う 취하다
- 割勘(わりかん) 각자부담
- 二次会(にじかい) 이차
- 注(そそ)ぎだし 첨잔
- 屋台(やたい) 포장마차
- 酒(さけ) 술
- 飲屋(のみや) 술집
- 盃(さかずき) 술잔
- 酒代(さかだい) 술값
- 乾杯(かんぱい) 건배
- 祝杯(しゅくはい) 축배
- つまみ 안주
- お通(とお)し 기본안주
- ビール 맥주

247

- □ 生(なま)ビール 생맥주
- □ 日本酒(にほんしゅ) 청주

■ 가전제품

- □ 洗濯機(せんたくき) 세탁기
- □ 電気釜(でんきがま) 전기밥솥
- □ 扇風機(せんぷうき) 선풍기
- □ エアコン 에어컨
- □ スイッチ 스위치
- □ ドライヤー 드라이어
- □ 乾電池(かんでんち) 건전지
- □ スタンド 스탠드
- □ 電子(でんし)レンジ 전자렌지
- □ 冷蔵庫(れいぞうこ) 냉장고
- □ テレビ 텔레비전
- □ カセット 카세트
- □ ビデオ 비디오
- □ コンピューター 컴퓨터
- □ ワープロ 워드프로세서
- □ 停電(ていでん) 정전
- □ 点(つ)ける 켜다

- □ 切(き)る 끄다

■ 전화

- □ 公衆電話(こうしゅうでんわ)
  공중전화
- □ 電話番号(でんわばんごう)
  전화번호
- □ もしもし 여보세요
- □ コイン 코인, 동전
- □ 電話(でんわ)カード 전화카드
- □ 通話中(つうわちゅう) 통화중
- □ 交換(こうかん) 교환
- □ 市外電話(しがいでんわ)
  시외전화
- □ 地域番号(ちいきばんごう)
  지역번호
- □ 料金(りょうきん) 요금
- □ 電話帳(でんわちょう)
  전화번호부
- □ 混線(こんせん) 혼선
- □ 国際電話(こくさいでんわ)
  국제전화

□ 指名通話(しめいつうわ)
　　지명통화

□ 受話器(じゅわき) 수화기

□ かける (전화를) 걸다

□ かわる (전화를) 바꾸다

□ 悪戯電話(いたずらでんわ)
　　장난전화

■ 우편

□ 郵便局(ゆうびんきょく) 우체국

□ ポスト 우체통

□ 便(たよ)り 소식

□ 手紙(てがみ) 편지

□ 出(だ)す (편지를) 부치다

□ 住所(じゅうしょ) 주소

□ 郵便番号(ゆうびんばんごう)
　　우편번호

□ 葉書(はがき) 엽서

□ 絵葉書(えはがき) 그림엽서

□ 封筒(ふうとう) 봉투

□ 便箋(びんせん) 편지지

□ 切手(きって) 우표

□ 窓口(まどぐち) 창구

□ 小包(こづつみ) 소포

□ 包装(ほうそう) 포장

□ 書留(かきとめ) 등기

□ 速達(そくたつ) 빠른우편

□ 電報(でんぽう) 전보

■ 약

□ 薬(くすり) 약

□ 薬屋(くすりや) 약방, 약국

□ バンドエイド 일회용 반창고

□ 包帯(ほうたい) 붕대

□ 風薬(かぜぐすり) 감기약

□ 消化剤(しょうかざい) 소화제

□ 鎮痛剤(ちんつうざい) 진통제

□ 目薬(めぐすり) 안약

□ 便秘薬(べんぴぐすり) 변비약

□ 下痢止(げりど)め薬(ぐすり)
　　설사약

□ 軟膏(なんこう) 연고

□ 水薬(みずぐすり) 물약

□ 粉薬(こなぐすり) 가루약

□ 丸薬(がんやく) 알약

□ 針(はり) 침

□ 錠剤(じょうざい) 정제

□ 漢方薬(かんぽうやく) 한약

□ 食後(しょくご) 식후

■ 병원

□ 病院(びょういん) 병원

□ 医者(いしゃ) 의사

□ 看護婦(かんごふ) 간호원

□ 内科(ないか) 내과

□ 外科(げか) 외과

□ 産婦人科(さんふじんか)
　산부인과

□ 小児科(しょうにか) 소아과

□ 歯科(しか) 치과

□ 耳鼻咽喉科(じびいんこうか)
　이비인후과

□ 献血(けんけつ) 헌혈

□ 救急車(きゅうきゅうしゃ) 구급차

□ 患者(かんじゃ) 환자

□ 診察(しんさつ) 진찰

□ 体温(たいおん) 체온

□ 血圧(けつあつ) 혈압

□ 注射(ちゅうしゃ) 주사

□ 入院(にゅういん) 입원

□ 手術(しゅじゅつ) 수술

■ 질병

□ 痛(いた)い 아프다

□ 熱(ねつ)が ある 열이 있다

□ 仮病(けびょう) 꾀병

□ 食中毒(しょくちゅうどく)
　식중독

□ 蕁麻疹(じんましん) 두드러기

□ 皮膚病(ひふびょう) 피부병

□ 恋煩(こいわずら)い 상사병

□ ふけ 비듬

□ 痔(じ) 치질

□ にきび 여드름

□ 神経痛(しんけいつう) 신경통

- ☐ 飲(の)み過(す)ぎ 과음
- ☐ 食(た)べ過(す)ぎ 과식
- ☐ 治(なお)る (병이) 낫다
- ☐ 疼(うず)く 쑤시다
- ☐ かゆい 가렵다
- ☐ もたれる 체하다
- ☐ 吐(は)く 토하다

■ 비즈니스

- ☐ 取引先(とりひきさき) 거래처
- ☐ 名刺(めいし) 명함
- ☐ 接待(せったい) 접대
- ☐ 輸出(ゆしゅつ) 수출
- ☐ 輸入(ゆにゅう) 수입
- ☐ 信用状(しんようじょう) 신용장
- ☐ 手形(てがた) 어음
- ☐ 保証(ほしょう) 보증
- ☐ 販売(はんばい) 판매
- ☐ 原価(げんか) 원가
- ☐ 見本(みほん) 견본, 샘플
- ☐ 売上高(うりあげだか) 매상고

- ☐ 不渡(ふわた)り 부도
- ☐ 投資(とうし) 투자
- ☐ 契約(けいやく) 계약
- ☐ 赤字(あかじ) 적자
- ☐ 黒字(くろじ) 흑자
- ☐ 収支(しゅうし) 수지

■ 교통수단

- ☐ 車(くるま) 차, 자동차
- ☐ タクシー乗場(のりば) 택시승강장
- ☐ マイカー 자가용
- ☐ 電車(でんしゃ) 전철, 전차
- ☐ 地下鉄(ちかてつ) 지하철
- ☐ バス 버스
- ☐ 運転(うんてん) 운전
- ☐ 小銭(こぜに) 잔돈
- ☐ バス停(てい) 버스정류장
- ☐ 終点(しゅうてん) 종점
- ☐ 自転車(じてんしゃ) 자전거
- ☐ 船(ふね) 배

- □ フェリー 훼리
- □ 港(みなと) 항구
- □ 切符(きっぷ) 표
- □ 切符売場(きっぷうりば) 매표소
- □ 列車(れっしゃ) 열차
- □ 特急(とっきゅう) 특급

■ 숙박

- □ ホテル 호텔
- □ 旅館(りょかん) 여관
- □ 民宿(みんしゅく) 민박
- □ フロント 프런트
- □ 湯(ゆ) 끓인 물
- □ ベッド 침대
- □ シングル 싱글
- □ ツイン 트윈
- □ 部屋代(へやだい) 방값
- □ 前払(まえばら)い 선불
- □ 宿泊(しゅくはく) 숙박
- □ 計算(けいさん) 계산
- □ キー 키, 열쇠

- □ 貴重品(きちょうひん) 귀중품
- □ 洗濯物(せんたくもの) 세탁물
- □ チップ 팁
- □ 食堂(しょくどう) 식당
- □ バスルーム 욕실

■ 항공

- □ 空港(くうこう) 공항
- □ パスポート 여권, 패스포트
- □ 空席(くうせき) 빈자리, 공석
- □ 満席(まんせき) 자리가 다 참, 만석
- □ 落(お)とし物(もの) 분실물
- □ 手続(てつづ)き 수속
- □ 荷物(にもつ) 짐
- □ 検査(けんさ) 검사
- □ 別(わか)れ 헤어짐, 작별
- □ 再会(さいかい) 다시 만남, 재회
- □ 出迎(でむか)え 마중
- □ 見送(みおく)り 전송
- □ 税関(ぜいかん) 세관

- ☐ 免税(めんぜい) 면세
- ☐ 予約(よやく) 예약
- ☐ 国際線(こくさいせん) 국제선
- ☐ 国内線(こくないせん) 국내선
- ☐ 飛行機(ひこうき) 비행기

- ☐ お金(かね) 돈
- ☐ 高級品(こうきゅうひん) 고급품
- ☐ 商店街(しょうてんがい) 상가
- ☐ 繁華街(はんかがい) 번화가

■ 쇼핑

- ☐ 市場(いちば) 시장
- ☐ デパート 백화점
- ☐ 買(か)う 사다
- ☐ 売(う)る 팔다
- ☐ 値切(ねぎ)る 값을 깎다
- ☐ 値段(ねだん) 값, 가격
- ☐ 高(たか)い (값이) 비싸다
- ☐ 安(やす)い (값이) 싸다
- ☐ 物価(ぶっか) 물가
- ☐ お土産(みやげ) 선물
- ☐ 配達(はいたつ) 배달
- ☐ スーパー 슈퍼(마켓)
- ☐ 販売(はんばい) 판매
- ☐ バーゲンセール 바겐세일

■ 상태

- ☐ 横(よこ) 가로
- ☐ 縦(たて) 세로
- ☐ 大(おお)きい 크다
- ☐ 小(ちい)さい 작다
- ☐ 多(おお)い 많다
- ☐ 少(すく)ない 적다
- ☐ 長(なが)い 길다
- ☐ 短(みじか)い 짧다
- ☐ 高(たか)い 높다
- ☐ 低(ひく)い 낮다
- ☐ 厚(あつ)い 두껍다
- ☐ 薄(うす)い 얇다
- ☐ 太(ふと)い 굵다
- ☐ 細(ほそ)い 가늘다
- ☐ 重(おも)い 무겁다

- 軽(かる)い 가볍다
- 丸(まる)い 둥글다
- 四角(しかく)だ 네모지다
- 良(よ)い 좋다
- 悪(わる)い 나쁘다
- 強(つよ)い 강하다, 세다
- 弱(よわ)い 약하다
- 新(あたら)しい 새롭다
- 古(ふる)い 낡다, 오래되다
- 同(おな)じだ 같다, 동일하다
- 違(ちが)う 다르다
- 簡単(かんたん)だ 간단하다
- 複雑(ふくざつ)だ 복잡하다
- 変(へん)だ 이상하다
- 広(ひろ)い 넓다
- 狭(せま)い 좁다
- 深(ふか)い 깊다
- 浅(あさ)い 얕다
- 美(うつく)しい 아름답다
- 奇麗(きれい)だ 예쁘다
- 可愛(かわい)い 귀엽다

■ 색깔

- 濃(こ)い 진하다
- 薄(うす)い 엷다
- 白(しろ)い 하얗다
- 黒(くろ)い 검다
- 赤(あか)い 빨갛다
- 黄色(きいろ)い 노랗다
- 青(あお)い 파랗다
- 明(あか)るい 밝다
- 暗(くら)い 어둡다
- 派手(はで)だ 화려하다
- 地味(じみ)だ 수수하다
- 田舎(いなか)っぽい 촌스럽다
- 品(ひん)が ある 고상하다
- 白黒(しろくろ) 흑백
- 茶色(ちゃいろ) 갈색
- 紫色(むらさきいろ) 보라색
- 灰色(はいいろ) 회색
- 緑色(みどりいろ) 녹색